SUCCESS=URANAI

成功する人は、なぜ、占いをするのか？

千田琢哉
SENDA TAKUYA

SOGO HOREI PUBLISHING CO., LTD

プロローグ

たかが占い、されど占い。

最初にお断りしておくが、私は占いオタクでもなければ、占いの専門家でもない。

プライベートでも占いにハマったこともなければ、今のところその予定もない。

今回、本書の執筆依頼を受けたのは、

「これまで3300人のエグゼクティブたちを傍《かたわ》らで見ていた第三者の視点から、占いについて書いてもらいたい」

という理由だったからだ。

確かにこれまでに出逢ってきたエグゼクティブたちには、呼び方はどうあれ、占い師と交流のある人がとても多かった。

徳川家康《とくがわいえやす》が天海僧正《てんかいそうじょう》を側近としていたように、専属の占い師を雇っている人もいた。

そこまでいかなくても、人生で悩んだら頻繁に相談する贔屓《ひいき》の〝占い師的誰か〟がいる人も含めると、少なく見積もっても過半数が占い師と交流があったように思う。

特に創業社長になるとその比率はさらに高まり、コンサル時代の私は、半ば儀式のようにプロジェクトのスタート前に、社長が贔屓にしている占い師との一席を設けられたものだ。

当初は面倒な儀式だと思っていたが、数をこなすうちに、次第に占い師たちの話にはパターンがあることがわかってきて、また、その都度美味しいところ取りができたために、私の人生において直接的にも間接的にも役立っており、今では感謝している。

具体的な内容は本文で述べるとして、トータルの感想としては「たかが占い、されど占い」という言葉が一番しっくりくるような気がする。

「たかが占い」というのは、100％当たる占いなんてこの世に存在しないし、たとえ存在したとしても、占いに人生を左右されるなんてバカバカしい話だという開き直りだ。

占いは、あくまでもいい人生を送るための手段であって、断じて目的ではない。

「されど占い」というのは、占いは人の人生を大きく変えることもあるという事実だ。

占い師と占いを受ける側には相性があり、相性が良い場合はすべて鵜呑《うの》みにする。

換言《かんげん》すれば、その力がプラスに作用した場合は素晴らしい結果を生むが、マイナスに作用した場合は悲惨《ひさん》な結末を招くこともあるのだ。

占いを頭から否定するのも味気《あじけ》ない人生だし、鵜呑みにするのも愚かな人生だ。

本書で、あなた〝ならでは〟の、占いとのいい距離の取り方を発掘してもらえれば幸いだ。

２０１７年10月吉日　南青山の書斎から　千田琢哉

第1章

占いとは何か？

第2章

占いの受け方

第3章

成功者は運も味方にしている

第4章 本物の占い師と偽物の占い師の目利きをする

第1章

占いとは何か？

01

ノストラダムスは、医者だった。

「占い」と聞いて、あなたはどんな感情を抱くだろうか。

誰にも言わなくてもいいから、ここはひとつ本音で答えてもらいたい。

「どこか胡散臭《うさんくさ》くて、お金をむしり取られそうだ」

「でかい宝石をつけてギラギラしたオバサンが、偉そうに説教している」

以上は、私の個人的な意見でも固定観念でもなく、これまでに出逢った占い嫌いの人々の意見を帰納《きのう》したものだ。

こうして本書を手にしているあなたも、ひょっとしたら大なり小なりそう考えている節があるかもしれない。

占いは紀元前から存在し、人類最古の職業である娼婦《しょうふ》に次いで歴史ある職業とも言い伝えられている。

今から１８００年ほど遡《さかのぼ》った我が国でも、祈祷師《きとうし》の卑弥呼《ひみこ》が女王として君臨《くんりん》していたと、あなたも歴史の授業で教わったはずだ。

卑弥呼が死んだ時には、１００人を超える奴隷たちが殉死《じゅんし》して一緒に埋められている。

また平安時代に生きた安倍晴明《あべのせいめい》は、皇族お抱えの陰陽師《おんみょうじ》として重用《ちょうよう》されていた。

当時の朝廷には、陰陽寮《おんみょうりょう》という役所まで設置されており、彼のアドバイス次第で政治が左右しかねないエリート中のエリートだったのだ。

さらに時代と場所を変えて、過激な予言で世間を騒がせたノストラダムスは16世紀の占星術師《せんせいじゅつし》だったが、彼のもともとの職業は医者だ。

当時、ノストラダムスは医者として、ペスト撲滅《ぼくめつ》のために尽力していたのだ。

こうして見てくると、本来の占いは、決して見下されるべきではないと思えるだろう。

占いと占い師の関係は、キリストとキリスト教の関係と同じく、まるで別物なのだ。

仮にキリスト本人の教えが正しかったとしても、キリスト教の信者たちがその教えを100%忠実に引き継いでいるわけではないのと同様、占い師たちも占い本来の教えを100%忠実に引き継いでいるわけではない。

仮に、それを引き継ぐ占い師が100万人いたとすれば、1番から100万番までに見事な序列が生まれ、そこには目も当てられないほどの差があるのは他の職業と同じだ。

丹念《たんねん》に占いの淵源《えんげん》を辿って行けば、**占いは立派な哲学**だということがわかってくる。

ウォルト・ディズニーもJ・P・モルガンも松下幸之助《まつしたこうのすけ》も、みんな占いを活用していた。

れっきとした哲学である占いは、世界の成功者が活用していた

02

占いは、サバイバル術だった。

占いの淵源を辿って行くと、すべての占いはサバイバルのために生み出された渾身《こんしん》の術だったことがわかる。

たとえば何千年も昔から、中国では途轍《とてつ》もないサバイバルゲームが繰り広げられてきたのは、あなたもご存知の通りだ。

自然環境の厳しい広大な土地に、とんでもない数の人々が生きているのだから、群雄《ぐんゆう》が割拠《かっきょ》して権力争いが絶え間なく続くのは自然の摂理《せつり》なのだ。

気が遠くなるような激しい競争の中で、少しでも上のポジションに出世しなければ、幸せにはなれないし、それどころか家族を食べさせることもできない。

貧富の差も激しく、ほとんどの人々が殺されるか、いずれ飢えで死ぬ。

せっかく子どもを10人産んでも、１人も生き残らない可能性だってあるのだ。

この中で生き残っていくためには、まず何よりも運が良くなければお話にならないと考えるのはもっともなことだ。

生きるか死ぬかの究極の環境の中で、人はどのような決断をして、どのような行動を取れば、生き残りやすいのか。

どのような場所に住めば、生き残りやすいのか。

すべては机上《きじょう》の空論《くうろん》ではなく、血と汗と涙の結晶として易学《えきがく》や風水《ふうすい》が生まれたことを忘れてはいけないだろう。

極限状態では、最終的に占いなど目に見えないものにすがりたくなるのは、現代も同じかもしれない。

末期《まっき》癌患者《がんかんじゃ》たちが現代医学の限界に直面した際に、最後に頼るのは宗教や占いの類《たぐい》である。

あるいは、西洋医学から東洋医学に還《かえ》る人も増えてきた。

模範解答通りの医者の治療法で薬漬けにされるのと、通院も入院もせずに何もしないで好き放題に生きた場合とでは、実は余命がたいして変わらないことを知って、後者を選ぶ人も私の周囲では増えている。

他人事として傍観《ぼうかん》していると滑稽《こっけい》に思うかもしれないが、あなたも同じ状態に陥れば決して笑い事では済まされないだろう。

普段クールに決め込んでいるエリートほど、いざとなったら脆《もろ》いものだ。

占いは、サバイバルのための人類の知恵の結晶であることを憶えておいてもらいたい。

占いは、人類が蓄積してきた生き残りのための究極の知恵である

03

当たり外れは、些細《ささい》な問題である。

「占い」と聞くと、その的中率について語りたがる人は多い。
結論から言うと、的中率は意味がないとは言わないが、一番重要なものではない。
なぜなら、もし占いが百発百中だとすれば、あなたは占いの奴隷になってしまうからだ。
必ず当たる占いがあれば、あなたの人生はもう決まっていることになる。

もし「成功できません」と言われたら、100％成功できないのだから、もう努力しても意味がない。

もし「幸せになれません」と言われたら、100％幸せになれないのだから、もう生きている意味がない。

そんなのはとてもバカバカしい話だ。

占いで大切なことは、その占いを〝手段〟として徹底的に使い倒すことだ。

あなたが幸せになるための手段として占いをとことん使い倒していく過程で、初めて占いに価値が生まれるのだ。
占いの結果は大河の流れのようなもので、あなたは大河の一滴と考えるといい。
大河の流れに逆流するよりは、素直に身を委《ゆだ》ねたほうが自然に幸せになれる可能性が高いというカラクリだ。

その大まかな流れを、占いは教えてくれているというわけだ。

だからあえて逆流してみるのもいいし、どこかに立ち寄って道草《みちくさ》を食うのでもいい。

ここで大切なことは、知らないで逆流するのと、知っていてあえて逆流するのとでは、まるで意味が違うということだ。

私の場合はあえて逆流してみたり、寄り道してみたりという人生の繰り返しだ。

その結果、痛い目に遭ったことも数え切れないほどあるが、自分で決めたのだから１００％自分の責任だと納得する人生を送ることができている。

そして何よりも、逆流をしてみたり寄り道をしてみたりしたことが現在の私の幅を創っているのだから、周囲に対して感謝できるのだ。

「あの占い師は当たらないから偽物だ」

と愚痴を言っている人をたまに見かけるが、当たり外れは占い師のせいではなく、あなたの生き様が決めることだ。

占い師の言ったことが当たれば「おお、さすが！」と評価し、外れれば「自分の勝ち」と考えて、どんどん挑戦して占いを外しまくるくらいの意《い》気《き》込《ご》みがあっていい。

占いは、自分主導で活用すべきものである

04

占いは決断の
助けではなく、
判断材料の
1つに過ぎない。

これまで数多くの占い好きのエグゼクティブたちと一緒に仕事をしてきたが、中でも長期的な成功者と思える人々には、こんな共通点があった。

それは、占いを決断の助けとしてではなく、判断材料の1つとして活用していたことだ。

決断と判断は似た言葉だと思っている人もいるが、その意味はまるで違う。判断とは決断の前段階の作業で、「どっちが正しいか」を選別する正誤問題だ。これに対して、決断とは正誤問題である判断を勝ち残ったもののうちから、「どっちが好きか」を選ぶことだ。

だから決断の段階で「どっちが正しいか」を考えている人は、そもそも判断ができていないということになる。

判断は普段からまめにしておく必要があり、切羽詰《せっぱつ》まってすることではないのだ。普段ゆったりして落ち着いた状態で判断をしていて、迷った際に占い師に相談をするというのが正しい活用の仕方なのだ。

占い師も一流になればなるほどそう考えており、落ち着いて常に正しい判断を下せるというわけだ。

正しい判断というのは占いの種類によって異なるが、四柱推命《しちゅうすいめい》としてはこれが正解、風水としてはこれが正解、霊視《れいし》としてはこれが正解というような感じである。

数千年の人類の知恵の集大成としての正解を踏まえた上で、長期的な成功者は判断を落ち着いて淡々としていたのだ。

これに対して、一発屋《いっぱつや》さんで終わる短期的な成功者たちは、普段は判断せずにサボっているくせに、切羽詰まった状態になってから占い師にすがる人が多かった。

そして全面的に占い師に会社経営の決断を委ねてしまい、何から何まで相談しようと会社と占い師の家をせっせと往復していたものだ。

こういう短期的な成功者たちが一発屋さんで消えていくのは、占いのせいではなく、自分で決断できないダメ社長ぶりを周囲の従業員たちにアピールしているからだ。

次第に従業員たちは社長をバカにし始め、まともに仕事をしなくなる。

他の重役たちも「結局、占い師が決めるんでしょ?」とすっかり心が離れてしまう。

こうした社長は、たいてい従業員が後退《あとずさ》りするほどの大金を占い師に注ぎ込んでおり、あちこちで、その噂に尾ひれがついて収拾《しゅうしゅう》のつかない状態に陥っていたものだ。

占いをもとに、
決断をしてはいけない

05

手相には、過去・現在・未来が刻み込まれている。

私自身が有名な手《て》相鑑定士《そうかんていし》から直接教わって一番記憶に残っていることは、手相にはその人の過去・現在・未来が刻み込まれているというものだ。
この事実を知っているだけで、人間の奥深さを感じることができる。

過去が刻まれるのは、極端に良いことがあったり極端に悪いことがあったりすると、それが軌跡《きせき》となって手に刻まれるためだ。

あるいは、赤ちゃんの頃から握る力が強ければ、生命線が深く長く刻み込まれるのは、あなたも理解できるだろう。
赤ちゃんは、親指を中に入れて握って眠っていることが多いが、よく観察すると、それが日々刻々と生命線を創っていることがわかる。
他のすべての線にも、こうした理由がそれぞれにあるのだ。

現在が刻み込まれるのは、過去の生き様がようやく皺《しわ》になって顕在化《けんざいか》するからだ。

たとえば、私は自分が「将来は本を出したい」と思い立ってから、ちょうど10年後に処女作を出すことができた。
これはどういうことかと言えば、どんなことでもプロとしての扉の前に立つには、たいてい10年はかかるということだ。

10年も目標に向かって打ち込んでいれば、それが手の皺となって刻み込まれる。だから10年前にスタートしたことが、現在の皺となって顕《あらわ》れるということなのだ。

未来が刻み込まれるのは、過去や現在の延長で皺が創られるからではなく、あなたの身体が様々なアラームを鳴らしており、それが皺として予告されているからだ。

特に未来では、あなたを襲う大病が手相を通して予告されることが多く、これは見方を変えればとてもありがたいことだ。

なぜならば、大病はある日突然ではなく、長年の蓄積で発症するものだからである。医者から大病と診断されたから大病になったのではなく、何年も前からすでに発病の種があり、自分で萌芽《ほうが》させて長い時間をかけて育ててきた結果だ。

癌・脳卒中・糖尿病などは生活習慣によるものが多いと聞くが、もしそれがあなたにも当てはまるのであれば、事前に予告を察知《さっち》して習慣を改めれば防げるということになる。

予防医学の重要性が叫ばれるようになって久しいが、まさに手相鑑定は不幸の予防となる。

科学的根拠を超越して、手相には壮大なロマンが詰まっている気がするのだ。

あなたの人生は、皺となって手に顕れている

06

人相学は、科学である。

かつて「犯罪学の父」と呼ばれ、イタリアの軍医だったチェーザレ・ロンブローゾは、「生来性犯罪人説《せいらいせいはんざいにんせつ》」を唱えたことで有名だ。

「生来性犯罪人説」とは、「犯罪者になるような人間というのは生まれつき決まっており、それは頭蓋骨《ずがいこつ》の形状など様々な身体的特徴からわかる」というものだ。

もちろんこれは極論だし、あまりも過激で当初から批判の声も多かった。

現代では疑似科学《ぎじかがく》として扱う人もいるが、私はとても勇気ある仮説だと思う。

誰もが薄々気づいていたが、決して口に出せなかったことを、19世紀を中心に活躍した科学者が公に発表したのだ。

最新の科学においては、「先天的な要素もあるにはあるが、やはり環境によるものが大きい」という無難《ぶなん》な結論に落ち着いているようだ。

換言すれば、これは先天的要素も認めているということであり、やはり**統計的に人の内面と外見はある程度以上の相関関係が認められている**証拠なのだ。

犯罪者に限らず、ＩＱの高い人によく見られる人相というのもあるようだ。

ＩＱが高い人々はイケメンや美人とは限らないが、男女問わず整った顔立ちをしているのが特徴のようで、前頭葉《ぜんとうよう》が発達し性欲が強い傾向にあることが判明している。

昔から額の広い人が知的に見えたり、頭の良い人にはスケベが多いと言われていたりしたが、どうやら昔ながらの言い伝えがまんざら嘘というわけでもなさそうだ。若い頃はイケメンや美人だったけど、頭の悪い人は歳を重ねるごとに驚くほど表情が崩れてくるものだし、頭の良い人はどんどんいい男、いい女になっていくというのは、あなたも周囲を観察していてよくわかるのではないだろうか。

きっと手相と同じで、先天的な要素に加えて、日々のその人の生き様が刻々と人相にも刻み込まれるのではないだろうか。

だからこそ、我々は放っておくと人を見た目で判断してしまうし、またそれが自然の摂理に則《のっと》っているのだ。

赤ちゃんでも、女児が男児よりも早く人の表情に反応を示すのは、腕力や体力が劣っている女性が、目の前の相手が安全かどうかを察知する本能を備えている証拠なのだ。

親や学校の教師が「人を見かけで判断してはいけません！」と強調していたのは、人が見かけで判断できないからではなく、あまりにも当たり過ぎてしまうからなのだ。
ロンブローゾの勇気ある仮説に、私は改めて畏怖《いふ》の念を抱くのだ。

外見には、
その人の内面が確実に表れる

07

四柱推命は、学問である。

これまでに私が一番多く出逢った占い師は、四柱推命の鑑定士だったように思う。人によっては「占い師」と呼ばれるのを嫌い、名刺に「運命学者」と刷ってある人も複数いた。

四柱推命の鑑定を受けた人であればわかると思うが、まるで六法全書のような分厚い本を片手に、素早くパラパラとめくりながら鑑定されることが多い。

たいていは、何十年と使い込まれてボロボロになっているのが特徴だ。

鑑定を受ける側としては、そのほうがどこか安心するから、きっとあえてそう演出していることもあるのだろう。

鑑定を受ける際には、生年月日のみならず、生まれた時間も聞かれる。

あなたがこの世に生まれた瞬間の年、月、日、時から、あなたが持っている個性とか生きる道筋が見えてくるというわけだ。

鑑定士が陰陽《いんよう》五行《ごぎょう》と呼ぶ「木・火・土・金・水」という5つの要素があり、それらの組み合わせで「命式《めいしき》」という運命の設計図が完成する。

正確な「命式」をテキパキと完成させ、的確なアドバイスもできる一人前の鑑定士になるまで、最低でも5年、普通は10年かかると聞いた。

もちろん、生涯かけて日々勉強し続けなければならないのは言うまでもない。

四柱推命は、数学や文学と同様に、正真正銘《しょうしんしょうめい》の学問なのだ。

縁あって複数の鑑定士に診てもらって驚いたのは、毎回どれも、ほぼ結果は同じになるということだった。

つまり毎回同じ結果になるということは、再現性があるということだ。再現性があるということは、論理的であるということであり、数学的だということだ。

鑑定士によって差が出るのは、模範解答を超えた部分からだ。

「命式」は水準以上の鑑定士であれば、誰もがあっという間に完成させる。

大切なことは、命式を踏まえた上で「今抱えている問題をどう解決すればいいのか?」「これからどう生きればいいか?」という疑問に対して、個別に具体的なアドバイスができることである。

こればかりは、場数《ばかず》を踏んでいる鑑定士に軍配が上がる。

経営コンサルタントの仕事と酷似《こくじ》しており、いつも身が引き締まる思いだった。

再現性がある占いこそ、参考にすべきものである

08

「宿命」は、変えられない。

占いを受けると、必ずと言っていいほど登場する「宿命」という言葉がある。

宿命とは、文字通りその人の命に宿ったものであり、変えられないものだ。

宿命とは、その人はそれをするためにこの世に生まれたのであり、それをするために今の人生を生きているという、アプリオリ（先天的）に備わっているものなのだ。


強引に宿命を変えようとしても、それは自然の摂理に反する行為だから絶対に幸せになることはできない。


何十年と血の滲《にじ》むような努力を継続しても、一向に報われない人はとても多い。

努力が報われないばかりか、どんどん健康を害して性格も歪み、最悪の場合は早死にする人もいる。

あるいは、エネルギーが外に爆発して、犯罪者になってしまう人もいる。

きっとあなたの周囲にも、一人や二人は該当者《がいとうしゃ》がいるだろう。

自分の宿命を知るということは、ある意味夢を捨てるということでもある。

たとえば小学生の頃、男子は誰もが一度は野球選手やサッカー選手に憧れるものだ。

次第に自分には無理だと認めざるを得なくなり、よりマイナーなスポーツを選んだり勉学に励んだりするようになる。

女子の場合は、アイドルやスーパーモデルに一度は憧れるかもしれないが、周囲と比較しながら厳しい現実を受容《じゅよう》して自分が活躍できる土俵を探すようになる。

プロスポーツ選手やアイドルやモデルに限らず、この世のあらゆる世界では最低限の才能が求められる。

最低限の才能こそが宿命であり、それは努力ではどうにもならないものなのだ。

とても厳しい現実として一流の占い師たちが口を揃えるのは、**最後は才能の差であるということだ。**

これには私も激しく同意する。

努力なんてプロなら全員呼吸の如くしているから、最後は才能の差で序列が決まるのだ。

どんなに文章力を磨き続けたところで、その宿命がなければ作家で大成できない。

どんなに走り込んだところで、その宿命がなければ金メダルとは生涯無縁だ。

どんなに経営学を勉強したところで、その宿命がなければ偉大な経営者になれない。

大切なのは、自分の正しい宿命を知り、その上で正しい努力をすることなのだ。

変えられない宿命を知り、
正しい努力をしよう

09

「運命」は、変えられる。

占いを受けると、必ずと言っていいほど登場する「運命」という言葉がある。

運命とは、文字通りその人の命を運ぶものであり、変えられるものだ。

運命とは、天から与えられたあなたの頭脳と身体で工夫を凝らしたり行動に移したりしながら調整していくもので、アポステリオリ（後天的）に切り開けるものなのだ。

大切なのは、先に自分の宿命を知って受容することだ。


宿命を知って受容することで、運命が初めて活きるからだ。宿命を知るためには、占いが効率的だ。


別に占いなんてしなくても、すでに宿命を知っている人はもちろんそれでいいのだが、試行錯誤しても見つからない人には、占いを試してみる価値はあるということだ。

自分の人生を決めるわけだから、自分が納得できる答えに辿り着くまで、あちこちの占い師に相談しまくってもいい。

占いに疲れたら、ふと読書をしてみたり旧友と会ってみたりするのもいいだろう。

読書や人と会うのに疲れたら、音楽や映画三昧《ざんまい》の日々を送ってもいい。

そうこうしているうちに、必ず共通点のようなものが浮き彫りになってくる。

とりあえず、それがあなたの宿命だと考えていい。

ひょっとしたら、あとから別の宿命が見つかるかもしれないが、その時点でベストだと思える宿命を信じてとりあえず生きることだ。

宿命を知ったら、今度はそれが実現するように運命として自分の命を運ぶことだ。

運命は、占いで調整を繰り返しながら好転させていくことができる。

もちろん、読書や人との対話、音楽や映画でも変えていくことはできる。

一番いいのは〝かくあるべし〟という執着を手放して、とにかく肩の力を抜いて淡々と継続して色々試してみることだ。

私の場合は、突然の紹介などで知り合った、占い師との偶然の対話の中から、文字通り〝運命のひと言〟を授かって、これまで人生を頻繁に好転させてもらったものだ。

運命のアドバイスは、その場その場で変わってくる。

「今年は右足の怪我に気をつけなさいよ」

と言われたら、今年は怪我をしないように注意して生きようと強く意識することだ。
「もうすぐ人生を変えるチャンスが巡ってくるから必ず掴《つか》みなさい」
と言われたら、それらしい話には躊躇《ちゅうちょ》することなく飛びつこうと強く意識するこ
とだ。

宿命を知り、運命を好転させていこう

10

畢竟《ひっきょう》、
勝ちやすい土俵で
楽勝し続けるのが
人生である。

究極、あらゆる占いの目的は次の２つしかない。

１．「宿命」を知ること。

２．「運命」を開くこと。

まず自分の宿命を知り、その上で運命を開いていくための手段として、占いは存在するのだ。

以上をよりわかりやすく表現すると、こうなる。

「あなたの勝ちやすい土俵を1日でも早く見つけ、その土俵で楽勝し続ける人生を謳歌《おうか》しよう」

ビル・ゲイツやウォーレン・バフェットが、なぜあれほどの大富豪になれたのか。

彼らが、普通のサラリーマンの何万倍も働いたからではない。

そもそも、１日は誰でも例外なく24時間しか与えられないのだ。

何万倍どころか、他人の５倍や10倍働くことさえ物理的にできやしない。

彼らが大富豪になれた理由は、呆れるほどにシンプルである。

彼らは自分の宿命を知り、それが実現するように運命を開き続けてきたからだ。

勝ちやすい土俵で、徹底的に楽勝し続けてきたからだ。

これ以外の理由は、どれも些細なことであり、すべてこじつけに過ぎない。

ビル・ゲイツが投資の仕事に専念しても、ウォーレン・バフェットに勝てなかったし、ウォーレン・バフェットがソフトウェア開発をしても、ビル・ゲイツに勝てなかった。

もしあなたが『ウサギとカメ』のカメだったとしたら、物語のように陸上競技というウサギの土俵で戦ってはいけない。

なぜなら、ウサギが油断して途中で昼寝することなんて、現実ではあり得ないからだ。

ウサギから陸上競技の勝負を挑まれたら、断固拒否して泳ぎの勝負を提案すべきだ。

それも、あなたが長距離を得意とするなら、短距離ではなく、できるだけ長い距離の勝負に持ち込むことだ。

大切なことは、すべての勝負で勝つことではない。

勝つべき勝負では絶対に負けないことが大切であり、復讐《ふくしゅう》する気も失せるほど圧倒的実力差を敵の脳裏《のうり》に刻み込ませることだ。

この状態になって初めて、あなたは人間性を高めることが許される境遇《きょうぐう》になるのだ。

弱者が人間性を声高《こわだか》に叫ぶのは、ただの負け犬の遠吠《とおぼ》えである。

占いを活用し、自分の運命が開ける場所を知ろう

第2章

占いの受け方

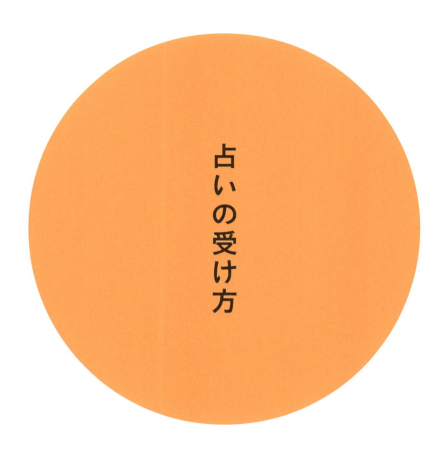

11

どうせ占いを受けるなら、反論しない。

占いを受ける際に一番やってはいけないのは、鑑定に対して反論することだ。せっかく安くはないお金を払ったのに、厳しいことを言われて気分を害する気持ちは痛いほどよくわかるが、反論してしまうとすべてがご破算《はさん》だ。

たとえば医者の診断に対して、「納得できません！」「それは違います！」と反論する患者は少ないだろう。

それなのに、相手が占い師となるとつい反論してしまうのは、やはり心のどこかで占い師を下に見ているからなのだ。

もちろん、医者を敬うように占い師を敬えとは言わない。

最初はたとえポーズでもいいから、鑑定中は反論をしないと決めて素直に傾聴《けいちょう》し続けることで、占い師からより多くを学べるということだ。

一流の占い師も三流の占い師も、同様に人の子である。

いかにプロを謳《うた》っていても、いざとなったら必ず感情が理性に優先するのが人間だ。

たまたまその占い師の機嫌が悪かったら、嫌われた途端《とたん》に手を抜かれたりサービスが悪くなったりするのは避けられない。

正直に告白すると、私も場数をこなしていくうちに「あれ？　この占い師は三流だな」とわかることもあった。

・ド派手な服装。

・語尾があやふやである。

・一方的に自分の知識を披露《ひろう》するだけで、こちらからの質問には答えられない。

以上の三流の占い師の特徴は、三流の経営コンサルタントとまさに同じだった。

それでも、その占い師が一生懸命でさえあれば、私はそのまま拝聴《はいちょう》し続けた。

自分も未熟だった頃に偉い人たちから散々赦《ゆる》されてきたように、今度は自分が未熟な相手を赦す番だと思ったからである。

結果として、三流の占い師からも1つや2つは大切な気づきを得ることができたから、反論せずに最後まで聴いて正解だった。

決して狙っていたわけではないが、偶然その後、一流の占い師と会う機会に恵まれて、三流の占い師の言っていたことが間接的に役立ったということも何度かある。

反論しなければ、短時間で同じエッセンスを吸収できるから時間の節約にもなる。

どんな相手からでも学ぶ姿勢を崩さないことが、結果、得となる

12

わかったふりをしない。

どんなことでもそうだが、何かを教わる時には知ったかぶりをしないことだ。

どうして落ちこぼれが発生するのか。

それは、その落ちこぼれが知ったかぶりをしたからである。

学校の勉強で知ったかぶりをして嘘をつくと、その瞬間から悲劇が始まる。

一度嘘をついて知ったかぶりをすると、嘘を嘘で塗り固めなければならなくなる。

24時間３６５日、ずっと嘘で嘘を塗り固め続けているうちに、いずれ必ず挫折する。

加減乗除《かげんじょうじょ》で躓《つまづ》いている人間が、微分積分《びぶんせきぶん》を理解することは不可能なのだ。

結果として、何も理解できない落ちこぼれの出来上がりというわけだ。

占いでもこれは同じことで、絶対にわかったふりをしないことだ。

占いでは様々な専門用語が飛び交うから、その都度その意味をきちんと確認することだ。

もし「こんなことも知らないの？」とバカにされたら、その占い師は１００％偽物だ。

そもそも占いなんて超マイナー業界であり、受験勉強のように誰もが必死で勉強するわけではないからこそ、あなたをバカにしてくる占い師程度でも先生面《せんせいづら》をしていられるわけだ。

医者は患者に対して説明責任があるように、占い師にもお客様であるあなたに対して説明責任はあるのだ。

仮に鑑定時間が30分として、最初の1分でわからない専門用語が出てきたら、残りの29分間が地獄になってしまう。

最初の1分が勝負だ。

最初の1分でどれだけわからない専門用語をわかりやすく占い師に説明させるかで、その占いの出来が決まるのだ。


どんなに初歩的なことでも、食らいついて質問攻めにすることだ。


もしそれで嫌われたとしても、それはそれでいいのだ。

その程度で嫌ってくる器の小さな占い師なら、嫌われて結構なのだ。

その代わり、もう二度と会わないのだから、その占い師から搾《しぼ》るだけ搾り取ることだ。

スポットの家庭教師代わりだったと考えれば、十分に元は取れるだろう。

心配しなくても、過半数の占い師は面倒見が良くて教えたがり屋さんだから、あなたが熱心に質問すればそれに答えてくれるものだ。

知ったかぶりをすることで、いいことは１つもない

13

許可を得て、
ＩＣレコーダーで
録音をする。

本気で占いを有効活用しようと思うなら、事前に占い師の許可を得てＩＣレコーダーで録音をさせてもらうことだ。

あとから何度も好きなだけ聴き返せるから、もう一度訪問することになったとしても、同じことを質問する必要がなくなる。

それに、どんどんあなたの知識も増えていくから、ＩＣレコーダーはとても便利な存在だ。

注意点として強調しておきたいのは、**聴く姿勢がいい加減になりやすい**ということだ。

ＩＣレコーダーという強い味方がいるために、つい油断してしまうのだろう。

これは私のコンサル時代の、ヒアリング調査現場の落とし穴と同じだ。

経営コンサルタントたちは大型プロジェクトがスタートすると、内部環境分析の一環として顧問先の従業員たちと面談を繰り返す。

その際に、ＩＣレコーダーを机の上に置いて面談することが多かったのだが、あろうことか、つい油断してしまい、相手の話を聴いている最中にコックリ、コックリとしてしまうコンサルタントもいた。

もちろん、連日徹夜続きだったというのは言い訳になるはずもなく、許されざる失態である。

さらに外部環境分析の一環として、顧問先の取引先やエンドユーザーと面談する際にこれをやらかしたら、社内外に迷惑をかけたことになり、ダブルカウンターパンチで文字通り一巻の終わりである。

文明の利器を利用する際は、同時にそれ相応のマナーが必要になってくるという戒《いまし》めとして心に刻み込んでもらいたい。

スマホいじりに夢中になって、人とぶつかっておきながら謝らない人も増えてきたし、エレベーター内でお礼を言うシーンで言えない人も激増している。

当然、トラブルの原因になるし、大袈裟《おおげさ》でも何でもなく、これらは直接的にも間接的にも殺伐《さつばつ》とした世の中を創り、寿命を縮める習慣だ。

本書の読者には、文明の利器を存分に堪能《たんのう》してもらいながら、同時にマナーも習得して一流の人生を味わってもらいたい。

ＩＣレコーダーを活用する時こそ、いつも以上に熱心に拝聴すべきなのだ。

文明の利器を利用し、最大限に占いを有効活用しよう

14

褒められたら
素直に喜び、
その長所を
徹底的に伸ばす。

占い師には、一流もいれば三流もいるが、一流の占い師も三流の占い師も滅多なことで的を外さない得意分野がある。

それは、相手の長所を洞察《どうさつ》する力だ。

こればかりは、どんな占い師もさすがプロだと感じることが多い。

四柱推命でも手相でも霊視でもタロットでも、あなたの長所を大きく外すことだけは、ほとんどないのだ。

だから占い師に長所を褒められたら、素直に喜べばいい。

そしてここからが大切なことだが、**喜ぶだけで終わってはならないのだ。**

占い師の鑑定したあなたの長所は、せっかく的中しているのだから、それを機に実際に磨くことが大切なのだ。

人の長所というのは、その上で胡坐《あぐら》をかくと人生を破滅させるのに対して、生涯かけて磨き続けると、人とお金が無尽蔵《むじんぞう》に集まってくるのだ。

あなたの周囲の人々を長期的にじっくり観察していれば、必ずわかるはずだ。

人は、短所によって身を滅ぼすよりも、長所によって身を滅ぼすほうが圧倒的に多いということに。

仮に、長所というのは天があなたに授けた才能であるとするならば、その才能を善行に使えば幸せになり、悪行に使えば不幸になるというカラクリになっているのだ。

……とここまでは、誰もが薄々気づいていることだろう。

だが、自然の摂理はその程度では許してくれず、もっと厳しい。

せっかく天から授かった才能が発掘されず日の目を見なければ、その才能の持ち主は発狂したり急死したりする。

自然の摂理としては、

「せっかく才能を与えてあげたのに、また活かせなかったね。こっちに戻ってきて、あと1000年修行してください」

と教えてくれているのだ。

そのくらい**才能を磨かないということは、罪が重い行為なのだ。**

私がこれまでに出逢った占い師たちから鑑定された長所は、まるで口裏を合わせたかのように3つに集約される。

だから私は、その3つを徹底的に磨き抜いてきた。

その結果、今、ここにいる。

自らの長所を知り、
そこを磨き、開花させるべきである

15

厳しいことを
言われたのに、
素直に聴ける占い師が
あなたにとって本物だ。

長所を褒められると誰でも嬉しい。

だが、あなたが三流の人生で妥協するならまだしも、一流の人生を目指しているのなら、長所を聞いて悦《えつ》に入《い》っている場合ではない。

なぜなら、いくら長所を伸ばしても致命的な欠点を放置したままでは、永遠に一流にはなれないからである。

毎日いくら健康的な生活をしていても、一滴の猛毒を体内に取り込んだ瞬間、すべてがご破算になるのとまさに同じだ。

だから、**本気で一流の人生を歩み続けたければ、長所を伸ばすと同時に致命的な欠点を出さないようにしなければならない。**

本物の占い師であれば、長所を指摘するのと同時に、必ず厳しいことも言ってくれる。

厳しいことは耳に痛いから、その占い師のことを嫌いになる人もいるだろう。

ここで私は「そこを何とか耐えて好きになれ」とあなたを諭《さと》すつもりは毛頭《もうとう》ない。

耳に痛いことを言われて素直に聴けないのは、一方的にあなただけの責任ではなく、根本的にあなたと占い師の相性が悪いからなのだ。

私も相性の悪い占い師に遭遇したことは何度もあるが、それは長所を鑑定された時ではなく、短所を鑑定された時にわかる。

相性の悪い占い師から短所を指摘されると、どうしても素直に聴けないのだ。どう贔屓目《ひいきめ》に見ても「それってあなたの嫉妬《しっと》じゃないの？」と思えることもあったし、どれだけ謙虚に聞いても「あなたに言われたくない」と思えることもあった。理屈ではなく、生理的に受け付けないという表現が一番しっくりくる。

換言すれば、厳しいことを言われても素直に聴くことができる占い師に出逢えたら、あなたはラッキーなのだ。

日々長所を楽しく伸ばしながらも、同時に真摯《しんし》に欠点を正し続けていけば、あなたは間違いなく一流の人生に向けて歩み始めている。

よく「人の話はちゃんと聴きなさい！」「欠点を指摘されるのはありがたいことよ」と正論を強要してくる人もいるが、これらは言葉足らずで多くの人々を苦しめている。

あなたが認めている相手の話はちゃんと聴くべきだし、尊敬している相手から欠点を指摘されたら正せばいいのであって、それ以外の人のアドバイスはスルーして

いい。

人生はゴルフ場と同じで、三流のくせに教えたがり屋さんで溢れ返っているからだ。

尊敬できる相手からのアドバイスこそ、重要

16

問題点ばかりを
指摘されたら、
解決策も聞いておけば
心が落ち着く。

本書を読んで実際に占いにハマる人もいるかもしれないから、ここでは核心を突いた、ちょっとダークな話にも触れておきたい。

薄々気づいている人もいるかもしれないが、占い師にはそもそも自分の家庭や人生が崩壊している人も少なくない。

学歴がないのはもちろん、それに代わる国家資格を取得するような気力も体力もないから、手っ取り早く食い繋ごうと、水商売と天秤《てんびん》にかけて占いを始めた人々だ。

社会的地位は明らかに自分よりも格上で裕福な暮らしをしている相手を前にすると、そうした占い師たちは問題点を並び立てることで優位に立とうとする傾向が強い。

段々饒舌《じょうぜつ》になって態度が大きくなるのが、そうした占い師たちの特徴である。

これはもはや避けられないことだと、私は思っている。

私も逆の立場であれば、生きるために多少醜《みにく》くても、そうしてしまうかもしれない。

そうした占い師とは、いちいち張り合っても仕方がないから、あなたには上手くかわす方法を伝授したい。

執拗《しつよう》に問題点ばかりを指摘されたら、必ずその解決策も一緒に聞いておくことだ。問題点を指摘されるたびに、それらの解決策も教えてもらうようにするのだ。

そうすると、いちいち腹を立てないで済むし、あなたの心も落ち着くだろう。

コミュニケーションとは言葉のキャッチボールだから、あなたではなく相手に言葉を投げた状態にしておくことで、あなたが主導権を握ることができるのだ。

よく上司が部下に「自分で考えろ！」と叱ることがあるが、あれは上司が主導権を握るために部下にボールを投げつけた状態なのだ。

考えなければならないという宿題を押しつけられた部下は、いつまで経っても上司に主導権を握られたまま人生を支配されるというわけだ。

これをそのまま、占い師にも活用すればいい。

占い師に問題点を指摘されるたびに、あなたは淡々と「あの……どうすれば解決できるのでしょうか？」と深刻そうな顔をして、甘えた猫のように頼ってあげるのだ。

自分が幸せではない占い師であればあるほどに、他人の不幸は蜜の味だから、どんどん得意になってペラペラ教えてくれるだろう。

相手に気持ち良くしゃべらせれば、もはや主導権はあなたに転がり込んでいる。

一流の占い師なら、必ず解決策とセットであなたの問題を指摘してくるものだ。

占い師とのやり取りでは、完全な受け身になってはいけない

17

生理的に受け付けない
占い師は、
もともとあなたとは
合わない。

占い師に限らないが、どうしても受け付けない人間というのがいる。

確かに見た目が嫌いというのも理由の1つかもしれないが、特にこれといった理由があるわけでもなく、とにかく嫌いという人間だ。

生理的に受け付けないという表現が、一番しっくりくるだろうか。

生きていればこうした相手は誰にでもいるもので、もちろん誰かにとってはあなたも生理的に受け付けない存在であることも認めるべきだ。

私の場合は、生理的に受け付けない相手と感じたら、「もともとこの人とは出逢ってはいけなかったのだ」と割り切って考えている。

生理的に合わない相手は意外にハッキリしていて、たいてい初対面でわかるものだ。

相手も理性か本能でそれを察知しており、自然にあなたに嫌われるような言動をしてくれているのだ。

お互いに出逢ってはいけなかったのであり、ましてや親しくなってはいけないのだ。

お子様時代に洗脳された「友達百人できるかな」「誰とでも仲良くしなさい」とい

う教えはとんでもない間違いで、親友は生涯で一人でもできれば御《おん》の字《じ》であり、好きな相手こそもっと大切にすべきなのだ。

これだけは断言できるが、長期的な成功者たちは好き嫌いがとても激しい人が多い。

もちろん、それをわざわざ顔に出したり口外したりする人は少ないが、「合わない」と察知するや否や、黙ってスッと姿を消して絶縁する人たちばかりだった。

好悪が激しいということはそれだけ繊細であり、頭脳明晰《ずのうめいせき》の証拠だ。

好悪が激しいからこそ、どうしても耐えられずに自分に合った環境を創造し、その結果として成功したのだ。

成功したというよりも、生きるためには成功せざるを得なかったのだ。

翻《ひるがえ》って、あなたはどうだろうか。

生理的に合わないとわかっている相手と、無理に付き合ってはいないだろうか。

生理的に合わない相手というのは、「1秒でも早く離れよ！」というあなたの遺伝子のメッセージなのだから、それに従うのが自然の摂理に則った生き方なのだ。

そもそも、占いは概して値段が高い。

高い金を払って、さらに生理的に合わない相手と一緒に過ごす理由などない。もし迷ったら、内田百閒《うちだひゃっけん》の「イヤダカラ、イヤダ」の流儀《りゅうぎ》を思い出そう。

自分の好き嫌いの感情を否定しない

18

退屈で苦痛になったら、堂々と中座していい。

占いの相場は、安くて数千円。一流どころになると、普通は数万円、高ければ青《あお》天井《てんじょう》だ。

それだけの費用を請求しておきながら、あなたを退屈で苦痛にさせるようなら堂々と中座していい。

未熟な占い師で、調べものをするのに膨大な時間がかかる上に、まともなアドバイスもできないとか、明らかに高圧的で理不尽《りふじん》な対応を受けた場合がそれに該当《がいとう》する。

ダメなタクシー運転手が、道を間違えて遠回りをして時間泥棒をした挙句《あげく》、そのまま料金を請求してきたり、平気でタメ口を利いてきたりするのとまさに同じだ。

こういうのに対して毎回泣き寝入りをしていると、それが習慣となって、あなたは永遠にいじめられっ子のままで終わってしまう。

然《しか》るべきサービスを受けられなければ、堂々とお客様としての権利を行使すべきだ。

安穏《あんのん》と権利の上に眠っているだけで時効になってしまうのは、債権者と同じだ。

占いの場合は、値段なんてあってないようなものだから、ダメなサービスを受けたら早々に中座して切り上げれば、お金なんて支払う必要もないだろう。

できれば開始5分以内が望ましいが、最初の受け答えで「これは偽物だ」と感じたら間髪《かんぱつ》入れずに相手の話を遮《さえぎ》るのがコツだ。

「すみません。全然ダメなのでキャンセルします」と一方的に言い放って、そのまま振り返ることなく帰ればいい。

もちろん1万円札を机に叩きつけて帰ってくる方法もあるが、それだとダメ占い師を喜ばせるだけになるので避けるべきだ。

世のため人のために、そんな占い師をこれ以上つけ上がらせてはいけないのだ。

ダメなタクシー運転手に対してもこれは同様で、理不尽な扱いやサービスを受けたら、絶対に泣き寝入りをしないことだ。

タクシーのレシートを片手に、まず管轄《かんかつ》の陸運局《りくうんきょく》に敬語で丁寧にクレームを訴える。

次に、タクシーセンターに陸運局に伝えたことと同じことを伝える。

最後に、タクシー会社に陸運局とタクシーセンターにすでに話は済んでいる旨を伝え、その後、運転手の処分はどうなったかの結果報告をすることを約束させる。

場合によっては、運転手からも直接あなたに電話で謝罪させる。

あなたが実行に移すか否かは別として、少なくともこうした大人の喧嘩の仕方を知っているだけで、人生は随分生きやすくなるものだ。

私は読者にしなやかで強い人間になってもらい、将来様々な分野で活躍して欲しい。

ダメなサービスに対して、泣き寝入りをしてはならない

19

まだ心から
信用していない相手に、
すべてを
話してはいけない。

占いを紹介で受ける人も多いと思うが、注意が必要である。

たまに「どうせ受けるのなら、すべてをさらけ出すべきだ」という無責任極まりないアドバイスをする輩《やから》もいるが、もちろんそれは真っ赤な嘘だ。

そういう無責任な発言をする人を調べていくと、やっぱり無責任な生き方をしている連中ばかりだ。

占い師は医者や弁護士と違い、その気になれば誰でも今日からできる職業である。守秘義務《しゅひぎむ》などあってないようなもので、あっという間に個人情報が漏れてしまうのだ。

もちろん守秘義務を死守するプロと呼ぶにふさわしい人材もいるが、比率で考えると驚くほど少ない。

自分の会社の社長から紹介を受けた占い師を信用して、すべてをさらけ出したところ、翌日にその秘密が社内に広まっていたという例を私はいくつも知っている。

本人と占い師しか知り得ないことを、社内の誰もが知っているというのだから、もはや社長の愛人兼スパイだと思われても仕方がない。

私はここで、人を信用してはいけないという話をしているのではない。

まだ心から信用していない相手に、すべてをさらけ出してはいけないという話をしているのだ。

いつでもどこでも誰にでも、すべてをさらけ出す生き方は、どこか自由でのびのびしており、自信があるように見えて、あなたは憧れるかもしれないが、そういう人は確実に突如《とつじょ》人生が急降下していくものだ。

世の中には、常に誰かの足を引っ張ってやろうとか、奪ってやろうと考えている人々があなたの想像以上に多く存在するのだ。

あなたのすべてをさらけ出すのは、あなたが相手を完全に信用してからでいい。

某女性ジャーナリストが警察の取り調べを受けた際に、「セカンドレイプを受けた」という言葉を使ったが、言いたくないことは言いたくないと意思表示すべきであり、それは当然の権利だ。

仕事を盾にして何でも聞いていいと思うのは、勘違いも甚《はなは》だしい。

そもそも占い師には何の権限もないのだから、怖れることは何もない。

言うべきことや言いたいことは言って、言いたくないことは断固言わなくていい。

占い師だからといって、言いたくないことまで言うのは愚かなこと

20

占ってもらったことは
他言せず、
黙って実行に移す。

占いを受けたあとに、あちこちで結果を聞いてもらいたがる人は多い。

占いを人生に活かしたければ、それだけはやめたほうがいい。

口からエネルギーを発散したら、行動に移して習慣化するエネルギーを、そこで消耗してしまうからだ。


占いに限らず、やる人は黙ってスッとやるのだ。やらない人は、あちこちで喚《わめ》き散らして何もやらないのだ。


その差は、宇宙の拡張現象《かくちょうげんしょう》の如く開き続けるというだけの話だ。

占ってもらった結果、自分の宿命がわかったのであれば、あちこちで吹聴《ふいちょう》なんてしないで、さっさと宿命に向けて環境を整えることだ。

占ってもらった結果、自分の運命がわかったのであれば、そこら中で相談なんてしないで、さっさと勉強を開始して行動に移すことだ。

有言実行《ゆうげんじっこう》と不言実行《ふげんじっこう》のどちらが難しいかと聞かれれば、私は間髪入れず有言実行だと答える。

なぜなら、有言実行は夢を公言するから、ライバルが出現して足を引っ張られる上に、もしそれが実現しなければ、「ほらやっぱりダメだった」と世間に笑われるリスクを背負っているからだ。

特に初期段階では、まだあなたも弱者だから、「コイツは出てくる」と察知した周囲は「早いうちに潰しておけ」と、出る杭として打たれやすい。

そして人には、常に他人の不幸を酒の肴《さかな》にしたいという本能がある。

これだけのリスクを背負いながらも、さらに夢の実現に向けて努力をするのは、とても難易度が高いと言わざるを得ない。

それができる人は相当な才能の塊《かたまり》であり、並外れた精神力の持ち主である。

これに対して、不言実行はあなた以外に夢を知らないから、ライバルは出現しないし、それが実現しなくても誰からも笑われない。

これだと精神衛生上とても楽であり、世間の目を気にせずにひたすら成すべきことに没頭できる。

しかも、日本では不言実行が美徳とされているのだから、これを活かさない手はない。

粛々《しゅくしゅく》と実力を蓄え続け、出過ぎた杭はもう打たれることもなくなるので、少なくともそのレベルまではちゃんと黙っていることだ。

不言実行を貫き、成すべきことに没頭しよう

第3章

成功者は運も味方にしている

21

大凶は大吉よりも遥《はる》かに希少価値《きしょうかち》がある。

あなたは、おみくじを引いたことがあるだろうか。

おみくじに少し詳しい人なら、大吉よりも大凶のほうが希少価値があることを知っているはずだ。

一般に、大吉は約20％程度の確率で比較的出やすいが、大凶は１％も含まれていない（これはビジネス上の考慮《こうりょ》があるのかもしれないが……）。

確率から考えると、大凶を引くほうが圧倒的に難易度は高いのだ。

これをあなたは負け惜しみと思うかもしれないが、然るべき専門家に説明を受ければ、大凶の本当の意味や深さが理解できるだろう。

大凶には、これから人生を好転させるための、最高のアドバイスが書かれているのだ。

大吉を引いた人は大吉を引いたという、それ自体が嬉しくて、ろくにおみくじに書いてある文面を読まないことが多い。

これに対して、大凶を引いた人は真剣におみくじに書いてある文面を何度も読む。

そこに書いてあることを日々意識しながら生きていくことで、これから幸せになれるというわけだ。

少し考えてみれば当然のことだろう。

大凶を引いた人は現時点において最悪ということだから、今この瞬間から起死回生のターン・アラウンドを果たせるということだ。

よく読むと、大凶には次のようなことが書いてあるようだ。

「思慮を深め目標に向かって一歩を進めなさい」

「急には思うようにはならぬ」

「人の口車に乗るな」

まるで巷の自己啓発書の内容と同じではないか。

要は、あなたがこれから幸せになるための注意点を、とてもわかりやすく教えてくれているのだ。

私自身は、人生でおみくじを引いたことが数えるほどしかなく、これまでに大凶を引いたことは一度もないが、一緒にいた仲間が引いたことなら何度かある。

大凶を引いた人たちがその後どうなったかと言えば、誰も不幸になっていない。

どちらかと言えば、むしろ幸せになっているくらいだ。

大凶は、自分への最高のアドバイスと考えよう

22

どんなに幸運の
持ち主でも、
運の悪い時に潰れたら
意味がない。

これまで数多くの成功者と出逢ってきたが、中でも長期的な成功者に見られた特徴は、不幸な目に遭った際に、まるで神風に救われるように再起を果たしたということだ。

これには、ほぼ例外がない。

どんなに幸運の持ち主でも、運の悪い時にそのまま潰れていく人はとても多いのだ。

たとえば、人を成長させる逆境三条件として**「浪人」「投獄」「闘病」**が挙げられる。

「浪人」とは、無職で社会的な役割を何も果たしていないこと。

「投獄」とは、罪人として刑務所に入ること。

「闘病」とは、大病を患って入院と通院を繰り返すこと。

一般に、これらは運の悪い状態と思われがちだが、私が出逢ってきた長期的な成功者は、これらのうちの最低１つは経験していた。

中には、３つすべてを経験したという豪傑《ごうけつ》もいた。

では、一発屋さんなど、短期的な成功者で終わってしまった人は、どんな特徴があったかと言えば、逆境を前にしてそのまま消えてしまっていたのだ。

とても残酷《ざんこく》な話をしているようだが、これがありのままの自然の摂理なのだ。

つまり、**本当の運の良さというのは、調子のいい時にはわからないが、調子の悪い時に浮き彫りになるということだ。**

もちろん、私は両者の違いを丹念に追跡調査し続けた。

その結果、呆れるほどにシンプルな事実に気づかされた。

長期的な成功者が逆境でふて腐れなかったのに対して、短期的な成功者は逆境でふて腐れていたのだ。

これらを1次情報として目に焼き付けた私は、この先、自分にどんな不幸が降りかかっても、絶対にふて腐れることだけはしまいと心に誓った。

人が運気に見放されるのは、逆境になったからではなく、逆境でふて腐れたからなのだ。

どんなに逆境でも、ふて腐れない限り人生は終わらないが、ふて腐れた瞬間にその人はご臨終《りんじゅう》なのだ。

ふて腐れながら生きている人は、生きているふりをしているだけで、本当はとっくに死んでいるのだ。

占いで「今年は最悪ですね」「これから厳しいよ」と言われたら、あなたは長期的な成功者になる資格があるか否かのチェックテストをされているのだ。

どんな逆境でも、ふて腐れない限り克服できる

23

超一流の姓名判断師には、
あえて
改名しない人もいる。

占い師の名刺をもらうと、たいてい一般の人から見て奇抜《きばつ》な名前が記載してある。特に、姓名判断師はさすがに本業だけあって、最高に運気が高まる名前に改名していることが多い。

だが、中にはその世界では一流と評される姓名判断師なのに、本名で勝負している人もいる。

その人の本名が改名する必要がないくらいに完璧なのかと言えば、話を聞くとどうもそうではないらしい。

いくらでも改名できるが、あえて不完全さを残すことによって人生を味わっているということだった。

姓名判断師につけてもらった名前は、プロが見ればすぐにわかるのだが、やはり画数やバランスがあまりにも整い過ぎて、逆にどこか不自然だということだ。

確かに芸術も、完璧過ぎるとそこに感動が生まれなくなってしまうため、あえてバランスが崩れている部分をつくるものだ。

完璧じゃない部分があるからこそ、そこに自然を感じさせることができて人の魂を揺さぶるのだ。

姓名判断をしてもらって、自分の名前が吉数と言われると安心し、凶数と言われると落ち込む人がいる。

凶数と出たらもはや自分の人生は絶望的だと言わんばかりに、すぐに改名を考える人もいる。

そういう人にぜひ知ってもらいたいのは、**吉数だから必ずしも幸せになれるわけではなく、凶数だから必ずしも不幸になるわけではないということだ。**

吉数の中でもさらに細分化されていて、運気のいいものと悪いものがあるのだ。

凶数の中でもさらに細分化されていて、運気のいいものと悪いものがあるのだ。

長所と短所が表裏一体であることは、あなたもご存知だと思うが、吉数と凶数も同じく表裏一体なのだ。

大切なことは、あなたの長所と短所を正確に把握して、何をすべきであり、何をしてはいけないのか、を意識して生きることだ。

ところで、私は２０１１年の末に、これまでずっと使ってきた自分の名前が戸籍上と違うことが判明した。

きっかけは知人の占い師であり、２０１２年からは戸籍上の名前を掲載している。

おかげさまで２０１２年以降は、どの角度から見てもますます運気が上昇している。

吉数と凶数は表裏一体であることを知り、浮き足立たず、すべきことをしよう

24

「将来は本を書いて生きたい」

と言ったら、

「できます」と即答された。

私が大学生の頃に、一人の占い師を紹介されたことがある。

紹介してくれたのは、占い好きのガールフレンドで、とにかく「当たる」「厳しい」と評判の先生だということを強調していた。

その後、テレビで見かけたこともあるから、実際に占いの世界では成功したのだろう。

確かガールフレンドは「この人、将来作家になると言っていますが無理ですよね？」と笑いながら占い師に紹介してくれたと思う。

その占い師は、私の名前を素早く分析し、手相と顔をじっくり見てこう即答した。

「できます。あっという間に１００冊は出します」

一番驚いたのは私である。

嬉しさと驚きで、思わず「ウソ！」と声に出してしまった。

占い師はこう続けた。

「作家を職業とするためには本をたくさん読むだけではダメで、やっぱりある程度の社会人経験をしなければいけません。サラリーマン経験をして人の観察をしておくといいですよ。ただし、長居は禁物《きんもつ》です。あなたはサラリーマンでも出世できるから、ぬるま湯に浸かって長居し過ぎると永遠に作家にはなれません。タイムリミットは、30代と憶えておいてください。40代になったらもう手遅れです」

隣にいたガールフレンドはキョトンとしたあと、焦って悔しそうな顔をしていたのを今でも鮮明に憶えている。

この占い師は辛口でズケズケとモノを言うタイプだったから、ガールフレンドは私もこっぴどく説教されて凹《へこ》まされると思っていたのかもしれない。

現に、私以外に複数の友人をこの占い師に紹介して、全員凹まされたと聞いている。

正直に告白すると、今回本書を執筆するまでこのことはすっかり忘れていた。

まさか自分が、こうして占いの本を書くことになるとは想像もしていなかったし、私はその占い師の指示に従って生きてきたという自覚はまるでないからだ。

だが、今振り返ってみると、その占い師以外にも似たようなことを言われ続けてきた。

「枠にはまった既存の学問ではなく、あなた独自の哲学を発表し続けなさい」

「私たちみたいな仕事にも向いていますね。また、あなたは本を出すといいですよ」

「サラリーマンとしても大成できますが、その場合は寿命が20年以上縮みます」

私は多くの人たちから予言され、そしてずっと支えられてきたのだと気づかされる。

人生は、様々なアドバイスが支えとなって形づくられるものである

25

どれだけ足を引っ張られても、
放っておけば
相手はいつの間にか
消えている。

あなたはこれまでに、足を引っ張られたことがあるだろうか。

ひょっとしたら、あなたは足を引っ張られる側ではなく、足を引っ張る側に回っているかもしれないが、いずれの場合も、以下、心して読んでもらいたい。

成功者になる宿命で生まれてきた人の足を引っ張ると、足を引っ張った人は100％の確率でいつの間にか消えている。

これは殺し屋を雇って抹殺《まっさつ》されたのではなく、自然の摂理として必然的に抹殺されたのだ。


運の良し悪しは生まれながらにしてすでに決まっており、運がずば抜けていい人に歯向かうということは、天に歯向かうということだから抹殺されて当然なのだ。


自然界というのは、我々人類に対して無償《むしょう》で空気や水を提供してくれるありがたい存在であると同時に、地震や台風で人命を脅かす恐ろしい存在でもある。

少なくとも、我々人類は、生きているのではなく生かされているということを考えると、自然に対して畏怖の念を抱けるはずだ。


自然に対して畏怖の念を抱くべきだということは、自然の摂理に則った運のいい人に対しても畏怖の念を抱くべきだということだ。

つまり、自分よりも幸運な人を妬《ねた》んだり足を引っ張ったりするのは、畏怖の念を抱いていない証拠であり、必ずや地獄に突き落とされる運命にあるのだ。

私の周囲で実際に起こった1次情報を具体例として紹介しよう。

親戚に、一流大学を卒業して一流企業に勤務していたエリートがいたのだが、嫉妬した別の親戚の一人が、大勢のいる前でそのエリートを理不尽に罵《ののし》った。

その年末に、罵った親戚の長男が交通事故で即死してしまった。

続いてまもなく、次男は犯罪に手を染めて逮捕され、その家族は現在〝生き地獄〟だ。

ちなみにエリートは自分が罵られた恨みなどすっかり忘れたように、健気《けなげ》にも位《い》牌《はい》に合掌していた。

これらは偶然ではなく、すべては必要・必然であり、厳しい自然の摂理なのだ。

これまで1万人以上のビジネスパーソンたちと対話してきた私には、こうした自然の摂理のカラクリが手に取るようによくわかるのだ。

運が悪いのは生まれつきの問題だから、もうこれは仕方がない。

大切なのは、自分は運が悪いとわかったら、運のいい人に好かれることなのだ。

「運の良し悪し」は、自然の摂理そのものであることを知ろう

26

運の周期を把握して、

「種蒔《たねま》き」↓「育成」↓「収穫」

を繰り返す。

人には運の良し悪しがあることはすでに述べた通りだが、運の良い人は良いなりに、運の悪い人は悪いなりに人生の周期が存在する。

周期とは、「種蒔き」→「育成」→「収穫」を循環させてスパイラルを描いているとイメージすればいいだろう。

まず、「種蒔き」の時期は誰にとっても仕込みの時期だから、収穫はできない。

人脈やお金についても、今は仕込みの時期と割り切って、粛々と種を蒔き続けることだ。

「種蒔き」の時期に無理に収穫しようとしても、人生が空回りするし、運気が落ちていく。

次に、「育成」の時期は種蒔きをしておいたものが芽を出すから、それらをじっくりと育てることが大切になってくる。

「育成」の時期に慌ててデビューしてしまうと、ブレイクせずに寿命を縮めてしまうのは、文字通り実力不足だからである。

反対に、あまりにも慎重過ぎて「育成」だけで人生を終わらせてしまうと、何のための人生かわからないから目利きが必要になってくる。

その目利きの手段の1つとして、たとえば占いがあると言えよう。

最後に、「収穫」は文字通り果実をもぎ取って味わう時期だ。

「種蒔き」と「育成」をしっかりとやり抜いた者だけが味わえるのが「収穫」だ。

さて、ここからが大切なのだが、人生すべてにおいて「収穫」尽くしに見える羨《うらや》ましい限りの人がいるだろう。

何十年と膨大な作品を発表し続ける作家や芸術家、大富豪たちがそれに該当する。

そうした、羨ましい限りの人々の人生のカラクリは、こうである。


複数の「種蒔き」をして、複数の「育成」をして、複数の「収穫」をしているのだ。


「収穫」をしながらも別の「種蒔き」と「育成」をし、「育成」をしながらも別の「種蒔き」と「収穫」をし、「種蒔き」をしながらも別の「育成」と「収穫」をしているのだ。

イメージとしては、あなたの人生というフィールドで三毛作をしている状態だ。

三毛作にはムダがなく、調和が取れており、自然の摂理に則っている。

このリズムをマスターすれば、運の良し悪しに関係なく最高の人生を歩めるだろう。

複数の人生の周期を回し、収穫尽くしの人生にしよう

27

偽夫婦で
不幸になる人もいれば、
潔く離婚して
人生を謳歌する人もいる。

これまで出逢った占い師たちを思い返してみると、かなりの確率で離婚経験があって独身者が多かったように思う。

実際に、占い師にはもともと不器用で冴えなかった人たちが多く、自分の人生に疑問を持って悩み抜いた結果として、頼みの綱として占いを勉強したという苦労人が多い。

それだけが理由だとは言わないが、お客様に対しても自分と同じ様に離婚を勧めたり独身生活のすばらしさを説いたりする傾向にある。

まあ、占いを頼る人々はほぼ何かしらの問題を抱えており、一番多いのが結婚や離婚の悩み事だと考えれば、その背中を押してあげるのが占い師の仕事なのかもしれない。

最近は婚活に勤しむ人も増えていて、オープンに「婚活中」と言える風潮になった。

結婚をして幸せになる人もいれば、不幸になる人もいる。

離婚をして幸せになる人もいれば、不幸になる人もいる。

隣の芝生はいつも青く見えるものだ。

結婚してしばらくすると、誰もが必ず「独身が羨ましい」と思えてくる時期がある。

一方で結婚をしたことがない人は、「結婚できて羨ましい」「結婚できない自分は、一人前ではないのでは?」と悩む時期がある。

もちろん、結婚してますます幸せになる人もいる。

離婚したいと思っている人は、「でも離婚したら世間体《せけんてい》があるし……」「子どもがいるから……」と我慢する。

一方、離婚した人はした人で、「ちょっと早まったかな」「まさかこんなに寂しいとは思わなかった」と、誰にも相談できないまま独り酒をしながら後悔する。

もちろん、離婚して人生が好転する人もいる。

10年間結婚生活を送り、その後離婚して独身生活を満喫《まんきつ》するのが幸せな人もいる。

定年を機に熟年離婚して、その後お互いに自由を謳歌するのが幸せな人もいる。

つまり「これが幸せの正解」という基準がなくなったのが、現代という時代なのだ。

幸せの基準は、自分で決めることだ。

占い師にアドバイスされた通りにしなければならないわけではない。

占い師のアドバイスを聞いた上で、決断は100%自分で下すことだ。

自分で決断すると、上手くいった時には自信がつくし、周囲にも感謝ができる。

自分で決断すると、失敗した時は自分の責任だし、潔く次の希望に向けて羽ばたける。

人生の決断を人任せにしてはいけない

28

成功とは
特大ホームランを
打つことではなく、
淡々と出塁し続けること。

ある占い師が、こんなことを教えてくれたことがある。

「成功というのは継続することだよ。一発の成功というのは成功とは呼ばず、むしろ質の悪い失敗のきっかけになるよ」

それを聞いた時に言葉の意味が頭では理解できたが、心では理解できていなかった。

サラリーマン経験をしながら次第に「なるほどなぁ……」と、心から理解できるようになっていった。

これはプロ野球を想像すればわかりやすいが、いくら特大ホームランを1本放っても、シーズンの打率が2割を下回っていたら、レギュラーとしてはやっていけない。だが、もしホームランを1本も打てなくても、シーズンの打率が常に3割を超えれば、一流選手として試合に出続けられる。

私のサラリーマン時代の仕事でも、これはそのまま当てはまり、マグロの一本釣り的な仕事のやり方をする人たちは、たいてい途中で消えていたのに対して、決して派手とは言えない仕事を淡々と積み重ねていた人たちが、最終的に出世していた。

現在の出版の世界でもこれは同じだ。

奇跡的にミリオンセラーを叩き出しても、その栄光の余韻《よいん》に浸れるのは2年以内で、5年するといちいち話題に上ることもなくなり、10年すると世間の記憶から消える。

それよりは、ミリオンセラーの1割の10万部セラーで十分だから小さな話題を創り、それをきっかけに舞い込んできたチャンスを貪欲《どんよく》に活かし続ければ、1万部ずつで延々と本を出し続けられる。

ミリオンセラーを逆転満塁ホームランとすれば、10万部セラーはソロホームランだ。

5万部が三塁打で、3万部が二塁打といったところか。

1万部はヒットでもデッドボールでもいいから、とにかく出塁したことになる。

発行部数1万部の本は、全国の主要書店で約2週間は平積みで置いてもらえることが多い。

つまり、何十万部といったベストセラーのようにド派手に宣伝したり並べてもらえたりするわけではないが、全国津々浦々《つつうらうら》に本が浸透する下限の数値なのだ。

私が出版の世界で生きてくのを決めた時、最初からここを狙っていた。

なぜなら、冒頭の占い師の言葉のように、**成功とは継続**だと確信していたからである。

何十年と活躍している大御所《おおごしょ》の作家たちも、ほぼこのパターンで勝ち続けている。

継続できてこそ、はじめて「成功した」といえる

29

運が急降下していくのは、
運のいい人の
陰口を言い始めた瞬間だ。

これまで、もともと運の良かった人が、突如運が悪くなる瞬間を何度も目撃してきた。

私の尊敬する上司や経営者も例外ではなく、「あんなに運が良かったのに、なぜ？」といつも不思議でならなかった。

だが、身近な存在であるがゆえに、彼らの運気が悪くなった原因を探り、それらの原因をルール化するのに、時間はそれほど要さなかった。

幸運な人々が不幸になる瞬間というのは、もうハッキリしている。

その場にいない、自分より運のいい人の陰口を言い始めた瞬間だ。

先ほどの上司の場合だと、自分より調子がいい同僚を話題にして、「ヤツの時代はもう終わった……」と陰口を言い始めた途端、すべての歯車が狂い始めたのを今でも鮮明に憶えている。

あるいは、運気の塊だった偉大な経営者が絶好調の競合他社《きょうごうたしゃ》を話題にしたかと思うと、「○○社は棚ボタの成功だからもうすぐダメになるよ。なぜならば……」とやらかし、その途端雪崩《なだれ》のように不幸が舞い込んできたのを今でも鮮明に憶えている。

もちろん占い師たちに言わせれば、**この原因は自然の摂理に反する行為をしたた**

めということであり、私もそれには100％賛同する。

加えて、経営コンサルタント的に別の視点から分析すると、人は自分より運がいい人の陰口を言い始める頃には、もうすでに人生の下り坂に突入しているということだ。

つまり、下り坂を転げ落ちる環境が完全に整っており、自分より運のいい人に嫉妬して、どうしても耐え切れずに陰口を言うという行為が最後のひと押しとなるのだ。

人はみんな弱い。

どんなに強靭《きょうじん》に見える人でも、つい陰口を言いたくなる時はあるものだ。

本当に大切なことは、陰口を言うか否かではない。

つい陰口を言いたくなるような環境にしてしまった、これまでの自分の人生の歩み方こそが問題なのだ。

陰口を言わなければセーフという問題ではなく、**陰口が頭を過《よぎ》っただけで本当はもうアウトなのだ。**

陰口を我慢して言わないようにするのではなく、そもそも陰口が頭を過らない人生を歩むことが大切なのだ。
そのためには、自分の宿命を知り、日々成すべきことを成して運命を開き続けるのだ。

陰口が頭に過る余地がないほど、
日々、成すべきことに集中しよう

30

啓示を無視した罪は重い。

啓示とは、あなたの使命を天から気づかされることだ。

本書で繰り返し説明してきた「宿命」が、あなたの使命だと考えていい。

人は、誰もが何かの役割を果たすためにこの世に送り出されたとされる教えは多いが、その真偽《しんぎ》はともかく、そう考えたほうが確実に人生は充実すると私も思う。

呼び方はどうあれ、**何かを成し遂げた人たちは、必ず人生のどこかで啓示を受けているものだ。**

中国を代表する思想家である孔子《こうし》も、啓示を受けたと言われている。

１９７９年にノーベル平和賞を受賞したマザー・テレサも、啓示を受けたと聞く。

世界的な小説家である村上春樹《むらかみはるき》氏も、啓示を受けたと本人が告白している。

これらはほんの一例で、私がこれまで出逢ってきた成功者たちの間では、もはや啓示は常識になっていたものだ。

啓示を受けるタイミングの共通点はハッキリしていて、何かに没頭したあとの、ふとリラックスした瞬間だ。

日々の仕事にはそれなりにやり甲斐を感じて忙しく働き、仕事を終えて心身ともくつろいでいたところ、電光石火《でんこうせっか》の如くふと頭に過るのが啓示だ。

これはスピリチュアルなものでもなければ、宗教とも関係がない。

もはや人類の想像できるすべてを超越した存在で、言葉で表現するのは不可能だ。国籍や性別、職業や地位に関係なく、啓示は人類なら誰でも理解できるメッセージの塊のようなものだ。

もちろん、根拠のある自信なんて不要だ。

啓示を受けたことをきちんと受け止め、その上で魂の赴《おもむ》くままに従えば、必ずあなたは導かれるのだ。

ただし、私の知る限り啓示を受けても活かせる人は1%もいない。

ほとんどの人たちは、啓示を受けても「ん、何これ？」とスルーして人生を終える。

それは、あなたがこれまでに親や学校の教師たちから洗脳され続けてきた、「あなたの実力はこのくらい」「かくあるべし」という固定観念が啓示を拒絶するからだ。

また、少なくとも目の前の何かに没頭して誰かの役に立っていなければ、そもそも啓示を受けることは一生ないという初歩を忘れてはならない。

啓示を受けない人も、啓示を活かせない人も、真の幸福とは無縁の人生で終わる。

啓示に気づき、即、行動に移せば成功を手にできる

第4章

本物の占い師と偽物の占い師の目利きをする

31

占い師選びは
飲食店選びと同じ。
99%はハズレである。

薄々誰もが気づいてはいるものの、決して口にできないタブーがある。

それは、99％の占い師はハズレだということだ。

これは飲食店選びと同じだ。

本当に魂を揺さぶるような、一生通い続けたいと思えるような飲食店に出逢うのは、１００店食べ歩いて1店あるかどうかだろう。

たいていの飲食店は、味は普通だがサービスが悪いか、不味《まず》くてサービスは普通か、不味い上にサービスも悪い。

あなたの普段行きつけの定食屋は、単に安くて近所だから常連《じょうれん》になっているだけなのではないか。

どうして占い師も飲食店も99％はハズレかと言えば、それらはスタートするだけならどんなに無能な人間でもできるからである。

全員とは言わないが、それらの仕事は、小中学生時代のクラスで下から5番以内の連中が適当にやっているものだ。

さて、私は99％がハズレと言っただけで、１００％がハズレとは言っていない。

1％くらいは「お、これはプロだな」「さすが！」と唸《うな》るような占い師もおり、相性も大きいが、あなたにとっての当たりもいる。

もちろん、上位1％のプロは繁盛しており、数をこなしているからますます腕に磨きがかかっていくというわけだ。

そう考えると、どんな世界でも本物のプロと呼べるのは1％程度なのかもしれない。

大切なことは、どうせ99％がハズレなのだから、そんなに気負わないで、どんどん気軽に相談すればいいということだ。

霊視で前世が毎回コロコロ変わるのは、どんなに言い訳をされてもハズレの証拠だ。

姓名判断で字数を間違えるのは、やっぱりハズレの証拠だ。

四柱推命で専門用語を連発してまくしたてるのは、文句なしにハズレの証拠だ。

ハズレとわかった時点で、もう二度と自分から積極的に関わらなければいい。

飲食店でも最初の1回目の料金はお賽銭《さいせん》のようなもので、ハズレとわかっただけでも今後二度と通わなければいいのだから、あなたの人生の時間の節約になるだろう。

エジソンの実験哲学と同じで、失敗とわかっただけでも立派な発見なのだ。

本物は少ないと認識した上で、どんどん相談をしてみよう

32

三流の人から紹介された占い師は、偽物。

これには一部例外もあるが、紹介者が三流の場合は、占い師もほぼ三流と考えていい。

紹介者が三流でも一流の占い師という例もごく稀《まれ》にあるのだが、それは、あなたとその占い師が出逢うべき宿命だったのであり、ちょっと残酷な表現になるが、その紹介者は〝使い〟としての役割を果たしただけなのだ。

そういう、ごく一部の例外を除けば、やはり三流は三流としか出逢えないということがわかってくる。

私もサラリーマン時代に、家庭が崩壊している生命保険のセールスパーソンから紹介された占い師がいたが、その占い師も家庭が崩壊しており、会うたびに貧しくなっていた。

私は占い云々《うんぬん》の次元ではなく、あくまでも世の中の仕組みを学ぶために、メンバーを組んで数年間彼らを定点観測した。

結果は、セールスパーソンも占い師も、どんどん人が離れて、どんどん貧しくなっていた。

最初に会った時には、お互いに都会の一等地に居を構えていたが、私が最後に訪問した時には、恐ろしいほど僻地《へきち》のボロアパートに住んでいた。

最後は絶縁の決定打にするために鑑定してもらったが、もはや相談者であるこちらが同情するほどまでに能力が錆《さ》び付いていて、見るも無残なものだった。

セールスパーソンのほうも、〝さげまん〟をとっかえひっかえしながらどんどん不幸になっているのに、必死に幸せアピールをし続ける痛々しい人生を歩んでいた。

以上のことからも、三流はどこかで気づいて行動を改め、それを習慣化しなければ、どんどん負のスパイラル人生に突入していくということを私は教わった。

これ以外にも、パーティーや交流会などで出逢った、三流の人から紹介された占い師はやはりほぼ三流だった。

確率的に考えても、**紹介をもらう場合には一流の人に依頼するに限る。**

そのためには、やはりあなたが一流になるのが王道だが、何かの分野で一流を目指して勉強していれば、一流の人から贔屓してもらって紹介をもらえる可能性がある。

それまでは占いには目もくれずに本業に没頭するか、暇を見つけてはせっせと身《み》銭《ぜに》を切って足繁く占いに通うことだ。

霊視なら霊視、手相なら手相、四柱推命なら四柱推命を複数の占い師に鑑定してもらうことで、あなたの知識も増えるだろうし、見る眼も確実に養われる。

いずれにせよ、最後はあなたと占い師の相性で１００％決めることだ。

一流志向を貫き、一流のアドバイスをもらおう

33

不幸そうに見える
占い師は、
偽物。

別に、離婚経験者でも独身を貫いている人間でも問題はないが、あなたから見て幸せに見えない占い師はすべて偽物だ。

人生を謳歌できていない占い師は、そもそも自分の人生の宿命と運命すら把握できていない証拠だからである。

これは、私が経営コンサルタントをしていたから、とてもよくわかるのだ。

占い師と経営コンサルタントには、つくづく共通点が多いと驚かされたものだが、経営コンサルタントとして本物か否かは、独立してから初めて露呈《ろてい》される。

本物の経営コンサルタントは、独立してからこそ成功する。

なぜなら、自分が社長になれば１００％自分の思い通りに経営できるわけだから、自分の戦略が正しければ成功するし、戦略が間違っていれば失敗するという超シンプルかつ、わかりやすい世界だからである

独立して鳴かず飛ばずの経営コンサルタントというのは、例外なく会社の看板で飯を食っていた偽物だったのだ。

我が国を代表する経営コンサルタントに、大前研一《おおまえけんいち》氏と堀紘一《ほりこういち》氏がいるが、両氏ともに会社を辞めてからますます精力的に活躍している。

大前氏は、マッキンゼー日本支社長を辞めたあと、アメリカの超一流大学であるUCLAやスタンフォード大学で教鞭《きょうべん》を執《と》り、自身でも大学・大学院を設立して世のため人のために貢献し続け、世界中に人材を輩出し続けている。

堀氏は、ボストンコンサルティング日本代表を辞めたあと、経営コンサルティング及び投資事業を行う会社を創業し、わずか5年余りで東証一部上場企業に昇格している。

いずれも、本物の経営コンサルタントだったことを生き様で証明しているわけだ。

「他人の会社にアドバイスするのと自分の会社の経営をするのとでは別の能力だ」

そんな醜い言い訳は、決して一流の経営コンサルタントはしないものだ。

翻って、占い師はどうだろうか。

経営コンサルタントが経営戦略のプロだとすれば、占い師は人生戦略のプロのはずだ。

他人様の人生に口を出すからには、まず何よりも自分の人生を幸せにしていなければお話にならない。

顔の艶《つや》が良く全身から幸せオーラが溢れていなければ、占い師はすべて偽物な

自分の人生を幸せにしている占い師こそ、本物

のだ。

34

貧乏な占い師は、
偽物。

これはばかりはもはや疑いようがないのだが、貧乏な占い師はやっぱり偽物だ。お金持ちの占い師が必ずしも本物だとは限らないが、本物の占い師は必ずお金持ちになっている。

「流行っていないけど、あの先生は本物だよ」

「お金儲け主義じゃないから貧乏だけど、占いの腕は確かだよ」

そんな風に紹介されたら、その紹介者の顔つきや経歴をよくチェックすることだ。例外なく、どいつもこいつも冴えない連中ばかりのはずだ。

その程度だから、その程度の占い師としか出逢えなかったという、ごく当たり前の事実に早く気づくべきだ。

占い師には、派手で奇抜な格好をしていたり、でかい指輪をつけてアピールしていたりする人が多いが、それは相談者に自分が貧乏だと思われないように安心させるためだ。

相談者に貧乏と思われたら信用されないから、できるだけキラキラした格好をして、神秘的で幸せそうに見えるように演出しているのだ。

あれは占いのプロとしてのユニフォームなのだ。

もちろん、占い師でも一流になると、上質だが控え目な格好をしている人も多い。

だが、それはあくまでも一流の域に達してからの話だ。

少なくとも、キラキラした格好すらできないレベルの貧乏占い師は、スタートラインにすら立てていないのだ。

綺麗事を抜きにすると、貧乏だということはお客様がいないということだ。

お客様がいないということは、占いの腕が誰からも認められていないということだ。

占いの腕が誰からも認められていないということは、偽物だということだ。

お金持ちだということは、少なくともお客様がたくさんいるということだ。

お客様がたくさんいるということは、占いの腕が多くの人から認められているということだ。

占いの腕が多くの人から認められているということは、本物だということだ。

ここに議論の余地はないのだ。

あまり大きな声では言えないが、もともと偽物だったのに占いの腕以外でお金持ちになって、数多くのお客様を鑑定しているうちに本物になった占い師もいる。

お金の流れは、人の本音の集大成であり、運気の集大成でもあるのだ。

その腕が多くの人に認められている、お金持ちの占い師を選ぼう

35

一種類の道にしか
通じていない占い師は、
偽物。

膨大な数の占い師と会っていると、次第に一流と呼ばれる人たちの共通点が浮き彫りになってくる。

一流の占い師たちは、３つ以上の分野に精通していたということだ。

二流や三流の占い師は、自分の専門分野に精通していても、それ以外は素人同然という人がとても多い。

たとえば、タロット占いしかできないという占い師は、単にそれが一番楽そうに思えたからという理由で選んでいる人が多い。

あるいは「霊視以外は何もできません」と主張する人は、自分が偽物だということを現代科学では証明できないから、死ぬまで隠し続ければこれで生きていけると思い、そのまま勝ち逃げしようと目論《もくろ》んでいる人が多い。

これは教養とも通じる本質である。

たとえば、大学受験で英語・数学・国語・理科・社会の総合偏差値が70を要求される学校Aと、英語1科目だけが偏差値70を要求される学校Bがあるとしよう。

いずれも、偏差値ランキング表では同じ70に見える。

仮に、学校Aと学校Bに入学した生徒たちの英語の平均偏差値が、いずれも70だったとしよう。

この場合、どちらが教養があるかと問えば、断然Aなのは言うまでもなく、大学入学後にどちらも英文学の専攻をしたとすれば、Aのほうが遥かに伸びしろはあるのだ。


何か1つの特定分野を深く掘り下げようと思えば、予《あらかじ》め、より広くの分野を教養として身につけておいたほうが、最終的には深いところまで到達できるのだ。


あなたが幼少の頃に公園の砂場で深い穴を掘りたいと思った時、できるだけ広い穴を掘らなければならなかったのと同じことだ。

本物の占い師はこの辺りをちゃんと理解していて、専門分野はもちろんのこと、それ以外にも最低2分野できちんとプロレベルまで達していたものだ。

一流の四柱推命鑑定士は、手相にも風水にも精通しており、多面的に相談者を分析して然るべき解答を導くものなのだ。

一流の占い師は、霊視にも顔相《がんそう》にも精通しており、その上であえてタロット占いをしているものなのだ。

一種類の道でふんぞり返ったりヘトヘトになったりしている占い師は、偽物なのだ。

３つ以上の分野に精通している人物こそ、本物

36

自称「日本一」を
謳う占い師は、
偽物。

私は病院経営のコンサルをしたことがあるし、医者や歯医者の知人もいる。

占い師に限らず、医者や歯医者には自称日本一を謳う人間がとても多い。

確かに自分の勝負の土俵を気が遠くなるまで細分化し続ければ、理論上は日本一にもなるだろう。

だがそれは、競技参加者が実質自分一人しかいないからであり、実のところ日本一でも何でもないのだ。

一流大学の研究室で本当に世界最先端の研究をしている医学者たちは、絶対に自分のことを日本一などとは自称しない。

歯医者に至っては、何が日本一なのかが私にはそもそもわからない。

黙って治療に専念しろと言いたい。

日本一を自称するのは、揃いも揃ってその世界で三流や四流の人間ばかりなのだ。

私が属していた経営コンサルタントの世界でも、日本一を自称するのは揃いも揃って偏差値の低いマイナー業界を専門とする連中ばかりだった。

然るべき一流企業の経営中枢に入り込み、本格的な経営戦略の立案を担当するような経営コンサルタントたちは、絶対に日本一を自称などしなかった。

そのくらい日本一を自称するのは、恥ずかしい行為なのだ。

それを平気でやらかしてしまう占い師がいたら、やはりそれは偽物なのだ。

日本一かどうかは自分で決めることではなく、あくまでも世間が決めることだ。

恥ずかしげもなくホームページや名刺に「〇〇で日本一!!」とアピールしてあれば、その占い師には近づかないのが賢明だ。

仮に本当に日本一だとしても、〇〇の部分をきちんと読むと、ウケを狙っているとしか思えないようなくだらない内容だったりするものだ。

ちなみに「知る人ぞ知る有名な占い師」と紹介されたら、それは紹介者とその周囲にしか知られてない超マイナー占い師という意味だ。

「紹介以外は受けてもらえない占い師」と紹介されたら、それは星の数ほどいるごく普通の占い師という意味だ。

「絶対に当たる占い師」と紹介されたら、それは占い師ではなくて詐欺師だ。

「日本一」に限らないが、こうした巧みな言い回しに騙されないようにすることは、世知辛《せちがら》い世の中を生き抜くためにはとても大切な能力だ。

本物は、自分のことを大袈裟にアピールしたりしない

37

自分から領収証を切ろうとしない占い師は、偽物。

これは税務関係の仕事をしている人々の間では常識だが、占い師は脱税し放題だ。ごく当たり前のように現金をポンと受け取り、そのまま領収証も切らないで相談者に帰ってもらえば、ほぼ完全犯罪の成立である。

何人かに一人の割合で「領収証をください」と言ってくる相談者もいるから、それを切っておけば見かけの売上を減らすことができる。

つまり､売上が小さくできるわけだから、払うべき税金を安くできるというわけだ。

だから占い師たちは自宅に立派な金庫を所有しており、記録が残る金融機関ではなく、現金で金融資産を所有していることが多い。

正確には所得隠しという立派な犯罪だが、発覚しない占い師のほうが圧倒的に多い。

その理由は、占い師たちのほとんどが貧乏であり、税務署としても絞り甲斐がないからである。

あなたが相談した占い師を目利きしたければ、とても簡単な方法がある。

あなたから何も言われなければ自分から領収証を切ろうとしないなら、それは偽物の占い師である。

商売する以上、うっかり領収証を切り忘れるということは絶対にあってはならないのだ。

それは所得隠しのための証拠隠滅《いんめつ》であり、本当はうっかりでも何でもないのだ。

仮に、占い師側が領収証を切り忘れたのであれば、後日郵便でお詫び状と一緒に送ってくるくらい常識というものだ。

占い師に限らず、お金に汚いということは人間関係も汚いということだ。

人間関係が汚いということは、人生が汚いということだ。

ちなみに、すでに登場した生命保険のセールスパーソンは、いつも飲食で割り勘をしていたのにもかかわらず、全額記載してもらった領収証を毎回自分の懐に入れていた。

彼に紹介してもらった占い師も、いつも領収証を自分から切ろうとはしなかった。

結果として、彼らからはどんどんまともな人たちが離れ、三流や四流の連中が群がってきて一緒に落ちぶれてしまった。

賢明なあなたであれば、これまで述べてきたことがすべて繋がると思うが、**偽物というのは、何か1つが偽物というのではなく、すべてにおいて偽物なのだ。**

一度だけ偽物と関わるのは仕方がないが、同じ偽物と二度関わるのは愚かである。

どこかで「偽物」が垣間見られたら、その人物からは離れよう

38

自分から売り込む
（≒取り巻きに勧誘させる）
占い師は、偽物。

占いというのは宗教にも似ている。

怪しい新興宗教の特徴として強引な勧誘があるが、偽物の占い師もこれは同じだ。占い師自ら売り込んでくるのはもっての外だが、取り巻きに勧誘させるのも典型的な偽物の特徴だ。

怪しい新興宗教には信者獲得のノルマがあり、信者たちが必死で勧誘するのは三流の会社が強引な営業をかけるのとまさに同じである。

そうでもしないと食べていけないというのが偽物や三流の言い分だろうが、そこまでして食べる資格はないというのが私の意見だ。

他にいくらでも職業はあるのだから、能力もないのに人々に迷惑をかけてまで卑しく生きようとしてはいけないのだ。

紹介者にしてもこれは同様で、あなたから依頼したわけでもないのに紹介されたら、その紹介者の人脈はすべて偽物なのだ。

あらゆる世界で本物は絶対に自ら売り込むことはせず、取り巻きに勧誘させることもないのだ。

さらに、安請け合いをして無料で鑑定する占い師も、偽物だ。

自分から「見てあげようか？」と手相を見たがる占い師がいたら、１００％偽物だ。

自分から「誕生日はいつ？」と診断したがる占い師がいたら、１００％偽物だ。

自分から「血液型はBでしょ？」と話しかけてくる占い師がいたら、１００％偽物だ。

然るべきプロなら、絶対に無料で自分のサービスを気軽に提供したりはしないからだ。

少し考えればわかるが、お手軽に安請け合いをして医者が無料で診断するだろうか。

今日は天気がいいからと、医者が無料で心臓や脳の手術をするだろうか。

そんな医者はいないはずだ。

あるいは形のあるものであれば、もっとわかりやすいだろう。

書店でお金を払わずに本を持って帰るのは、万引きである。

スーパーでお金を払わずに総菜を持ち帰るのは、万引きである。

デパートでお金を払わずに服を持ち帰るのは、万引きである。

占い師が自ら無料で鑑定するのは、店員が自ら万引きを推奨《すいしょう》するのと同じなのだ。占いを無料で済ませようとする相談者は、知恵の万引きをしているのと同じなのだ。

本物は、決して自ら売り込んだりはしない

39

2回目に
訪問した際に
退化を感じたら、
偽物。

占い師も人である以上、進化することもあれば退化することもある。

これは、他の職業とまったく同じだ。

占いは毎日受けるわけではないから、久しぶりに会った占い師が進化したか退化したかはすぐにわかるものだ。

数年ぶりに訪問して、占い師がすっかり老け込んでいたり、悪いオーラが出ていたりしたら、その人は偽物だ。

本物が偽物に落ちぶれるのは、どの世界でもよくある話だ。

別に珍しいことではないから、あなたがいちいち気を使う必要はないし、ショックを受ける必要もない。

相手がプロとして実力を磨くのを怠ったわけだから、黙ってサヨナラすればいい。

弱者の分際で落ちぶれた相手に同情して手を差し出すと、あなたも一緒に奈落《ならく》の底に落ちていくのは自然の摂理である。

私もこれまでに、本物から偽物に落ちぶれた占い師をたくさん見てきたが、他の職業と比べて唯一厳しいことがある。

それは、**一度でも本物から偽物に落ちぶれたら二度と這い上れない**ということだ。

占い師が本物であるがゆえに、そのお客様たちもそれぞれの分野で本物であることが多いが、一度でも偽物に落ちぶれると、瞬《また》く間《ま》に情報が広がる。

本物の絶対数はとても少ないから、干されるスピードもとても速いのだ。

本物から偽物に落ちぶれるまでには、普通5年から10年のタイムラグがある。その間ずっと実力磨きを怠ってきたわけだから、本物であるお客様たちも気づく人は気づく。

そしてついに、偽物の領域に突入した頃には、すでに本物のお客様たちは綺麗にいなくなっている。

そこから偽物の占い師が挽回《ばんかい》して本物に戻るのは、一度の人生ではほぼ絶望的だ。

仮に、この先5年や10年かけて命がけで偽物から本物に昇格しようとしても、その間すでに他の本物の占い師にお客様を総取りされている。

占い師である以上、自分の人生に甘かったというのは十分に永久追放されるに値し、その罪は一生拭《ぬぐ》えないのだ。

最後に、**プロの世界で現状維持とは、常に勉強し続けて進化している状態のことだ。**

油断せず努力し続ける人こそ、本物であり続けられる

40

帰る時に
あなたが元気に
なっていれば、
その占い師は本物。

現在のあなたにとって、運命の占い師を目利きする最終決定打は、その占いが終わったあとにわかる。

帰り道に元気になっていたら、それは現在のあなたにとって運命の占い師だ。

帰宅して部屋で独りになってから元気になってきたら、それは現在のあなたにとって運命の占い師だ。

その晩、寝る前に元気になっていたら、それは現在のあなたにとって運命の占い師だ。

もうこれには例外がないのだ。

ここでは〝現在のあなたにとって〟の「現在」という部分が重要になってくるのだが、ここまで本書を読み進めてきたあなたであればわかると思う。

占いはあくまでも人間同士が行うものだから、お互いの生命のバイオリズムもあればタイミングもある。

この世の森羅万象《しんらばんしょう》がすべて有機的《ゆうきてき》に絡み合いながら、我々の運命は決まってくる。

つまり、永遠の正解などこの世に存在しないのであり、運命はいつも今この瞬間の連続である。

現在のあなたにとっては、確かに運命の占い師だったとしても、10年後はそうではないかもしれない。

10年後どころか、1年後、1ヶ月後、来週、明日には、もう運命の占い師ではないかもしれない。

だからこそ、今この瞬間を大切に生きるべきなのだ。

何かの理由で占いをキャンセルせざるを得なくなったら、それは占いを受ける時ではなかったと考えるべきだ。

理不尽なことに、占い師から一方的にキャンセルされたら、それも占いを受ける時ではなかったと考えるべきだ。

キャンセルが出たからと突如前倒しで声がかかったら、そのチャンスに飛びつくのが正解だと考えるべきだ。

そうやって、今この瞬間をこよなく愛し、大切にして生きていると、帰る時にあなたに生命力が漲《みなぎ》ってくる占い師に出逢うだろう。

その占い師こそ、現在のあなたにとって本物なのだ。

畢竟、占い師の仕事はあなたを元気にすることなのだ。

あなたが元気になる占い（占い師）こそ、本物

占いを活かしても、占いの奴隷にはなるな。

千田琢哉著作リスト

（2017年11月現在）


〈アイバス出版〉

『一生トップで駆け抜けつづけるために20代で身につけたい勉強の技法』

『一生イノベーションを起こしつづけるビジネスパーソンになるために20代で身につけたい読書の技法』

『1日に10冊の本を読み3日で1冊の本を書くボクのインプット&アウトプット法』

『お金の9割は意欲とセンスだ』


〈あさ出版〉

『この悲惨な世の中でくじけないために20代で大切にしたい80のこと』

『30代で逆転する人、失速する人』

『君にはもうそんなことをしている時間は残されていない』

『あの人と一緒にいられる時間はもうそんなに長くない』

『印税で１億円稼ぐ』

『年収1,000万円に届く人、届かない人、超える人』

『いつだってマンガが人生の教科書だった』


〈朝日新聞出版〉

『仕事の答えは、すべて「童話」が教えてくれる。』


〈海竜社〉

『本音でシンプルに生きる!』

『誰よりもたくさん挑み、誰よりもたくさん負けろ!』

『一流の人生 － 人間性は仕事で磨け!』


〈学研プラス〉

『たった２分で凹みから立ち直る本』

『たった2分で、決断できる。』

『たった2分で、やる気を上げる本。』

『たった2分で、道は開ける。』

『たった2分で、自分を変える本。』

『たった2分で、自分を磨く。』

『たった2分で、夢を叶える本。』

『たった２分で、怒りを乗り越える本。』

『たった2分で、自信を手に入れる本。』

『私たちの人生の目的は終わりなき成長である』

『たった2分で、勇気を取り戻す本。』

『今日が、人生最後の日だったら。』

『たった2分で、自分を超える本。』

『現状を破壊するには、「ぬるま湯」を飛び出さなければならない。』

『人生の勝負は、朝で決まる。』

『集中力を磨くと、人生に何が起こるのか？』

『大切なことは、「好き嫌い」で決めろ!』

『20代で身につけるべき「本当の教養」を教えよう。』

『残業ゼロで年収を上げたければ、まず「住むところ」を変えろ!』

『20代で知っておくべき「歴史の使い方」を教えよう。』

『「仕事が速い」から早く帰れるのではない。「早く帰る」から仕事が速くなるのだ。』


〈KADOKAWA〉

『君の眠れる才能を呼び覚ます50の習慣』

『戦う君と読む33の言葉』

〈かんき出版〉
『死ぬまで仕事に困らないために20代で出逢っておきたい100の言葉』
『人生を最高に楽しむために20代で使ってはいけない100の言葉』
DVD『20代につけておかなければいけない力』
『20代で群れから抜け出すために顰蹙を買っても口にしておきたい100の言葉』
『20代の心構えが奇跡を生む【CD付き】』

〈きこ書房〉

『20代で伸びる人、沈む人』

『伸びる30代は、20代の頃より叱られる』

『仕事で悩んでいるあなたへ 経営コンサルタントから50の回答』


〈技術評論社〉

『顧客が倍増する魔法のハガキ術』


〈KKベストセラーズ〉

『20代　仕事に躓いた時に読む本』

『チャンスを掴める人はここが違う』


〈廣済堂出版〉

『はじめて部下ができたときに読む本』

『「今」を変えるためにできること』

『「特別な人」と出逢うために』

『「不自由」からの脱出』

『もし君が、そのことについて悩んでいるのなら』

『その「ひと言」は、言ってはいけない』

『稼ぐ男の身のまわり』

『「振り回されない」ための60の方法』

『お金の法則』


〈実務教育出版〉

『ヒツジで終わる習慣、ライオンに変わる決断』


〈秀和システム〉

『将来の希望ゼロでもチカラがみなぎってくる63の気づき』


〈新日本保険新聞社〉

『勝つ保険代理店は、ここが違う!』


〈すばる舎〉

『今から、ふたりで「5年後のキミ」について話をしよう。』

『「どうせ変われない」とあなたが思うのは、「ありのままの自分」を受け容れたくないからだ』


〈星海社〉

『「やめること」からはじめなさい』

『「あたりまえ」からはじめなさい』

『「デキるふり」からはじめなさい』


〈青春出版社〉

『どこでも生きていける 100年つづく仕事の習慣』

『「今いる場所」で最高の成果が上げられる100の言葉』

『本気で勝ちたい人は やってはいけない』


〈総合法令出版〉

『20代のうちに知っておきたい お金のルール38』

『筋トレをする人は、なぜ、仕事で結果を出せるのか?』

『お金を稼ぐ人は、なぜ、筋トレをしているのか？』

『さあ、最高の旅に出かけよう』

『超一流は、なぜ、デスクがキレイなのか?』

『超一流は、なぜ、食事にこだわるのか？』

『超一流の謝り方』

『自分を変える 睡眠のルール』

千田琢哉著作リスト

（2017年11月現在）


『ムダの片づけ方』

『どんな問題も解決する すごい質問』

『成功する人は、なぜ、墓参りを欠かさないのか？』

『成功する人は、なぜ、占いをするのか？』


〈ソフトバンク クリエイティブ〉

『人生でいちばん差がつく20代に気づいておきたいたった１つのこと』

『本物の自信を手に入れるシンプルな生き方を教えよう。』


〈ダイヤモンド社〉

『出世の教科書』


〈大和書房〉

『20代のうちに会っておくべき35人のひと』

『30代で頭角を現す69の習慣』

『人生を変える時間術』

『やめた人から成功する。』

『孤独になれば、道は拓ける。』

〈宝島社〉
『死ぬまで悔いのない生き方をする45の言葉』
【共著】『20代でやっておきたい50の習慣』
『結局、仕事は気くばり』
『仕事がつらい時 元気になれる100の言葉』
『本を読んだ人だけがどんな時代も生き抜くことができる』
『本を読んだ人だけがどんな時代も稼ぐことができる』
『１秒で差がつく仕事の心得』
『仕事で「もうダメだ!」と思ったら最後に読む本』

〈ディスカヴァー・トゥエンティワン〉

『転職１年目の仕事術』


〈徳間書店〉

『一度、手に入れたら一生モノの幸運をつかむ50の習慣』

『想いがかなう、話し方』

『君は、奇跡を起こす準備ができているか。』

『非常識な休日が、人生を決める。』

『超一流のマインドフルネス』


〈永岡書店〉

『就活で君を光らせる84の言葉』


〈ナナ・コーポレート・コミュニケーション〉

『15歳からはじめる成功哲学』


〈日本実業出版社〉

『「あなたから保険に入りたい」とお客様が殺到する保険代理店』

『社長!この「直言」が聴けますか？』

『こんなコンサルタントが会社をダメにする!』

『20代の勉強力で人生の伸びしろは決まる』

『人生で大切なことは、すべて「書店」で買える。』

『ギリギリまで動けない君の背中を押す言葉』

『あなたが落ちぶれたとき手を差しのべてくれる人は、友人ではない。』


〈日本文芸社〉

『何となく20代を過ごしてしまった人が30代で変わるための100の言葉』


〈ぱる出版〉

『学校で教わらなかった20代の辞書』

『教科書に載っていなかった20代の哲学』

『30代から輝きたい人が、20代で身につけておきたい「大人の流儀」』

『不器用でも愛される「自分ブランド」を磨く50の言葉』

『人生って、それに早く気づいた者勝ちなんだ!』

『挫折を乗り越えた人だけが口癖にする言葉』

『常識を破る勇気が道をひらく』

『読書をお金に換える技術』

『人生って、早く夢中になった者勝ちなんだ!』

『人生を愉快にする! 超・ロジカル思考』

『こんな大人になりたい!』

『器の大きい人は、人の見ていない時に真価を発揮する。』


〈ＰＨＰ研究所〉

『「その他大勢のダメ社員」にならないために20代で知っておきたい100の言葉』

『好きなことだけして生きていけ』

『お金と人を引き寄せる50の法則』

『人と比べないで生きていけ』

『たった１人との出逢いで人生が変わる人、10000人と出逢っても何も起きない人』

『友だちをつくるな』

『バカなのにできるやつ、賢いのにできないやつ』

『持たないヤツほど、成功する!』

『その他大勢から抜け出し、超一流になるために知っておくべきこと』

『図解「好きなこと」で夢をかなえる』

『仕事力をグーンと伸ばす20代の教科書』

『君のスキルは、お金になる』

『もう一度、仕事で会いたくなる人。』


〈藤田聖人〉

『学校は負けに行く場所。』

『偏差値30からの企画塾』

『「このまま人生終わっちゃうの?」と諦めかけた時に向き合う本。』


〈マネジメント社〉

『継続的に売れるセールスパーソンの行動特性88』

『存続社長と潰す社長』

『尊敬される保険代理店』


〈三笠書房〉

『「大学時代」自分のために絶対やっておきたいこと』

『人は、恋愛でこそ磨かれる』

『仕事は好かれた分だけ、お金になる。』

『1万人との対話でわかった 人生が変わる100の口ぐせ』

『30歳になるまでに、「いい人」をやめなさい!』


〈リベラル社〉

『人生の9割は出逢いで決まる』

『「すぐやる」力で差をつけろ』

千田《せんだ》 琢哉《たくや》

文筆家。

愛知県犬山市生まれ、岐阜県各務原市育ち。

東北大学教育学部教育学科卒。

日系損害保険会社本部、大手経営コンサルティング会社勤務を経て独立。

コンサルティング会社では多くの業種業界における大型プロジェクトのリーダーとして戦略策定からその実行支援に至るまで陣頭指揮を執る。

のべ3,300人のエグゼクティブと10,000人を超えるビジネスパーソンたちとの対話によって得た事実とそこで培った知恵を活かし、“タブーへの挑戦で、次代を創る”を自らのミッションとして執筆活動を行っている。

著書は本書で148冊目。

●ホームページ：http://www.senda-takuya.com/

成功する人は、なぜ、占いをするのか？

2017年11月25日　初版発行

著　者　千田 琢哉

発行者　野村 直克
ブックデザイン　大場 君人
発行所　総合法令出版株式会社
〒103-0001
東京都中央区日本橋小伝馬町15-18
ユニゾ小伝馬町ビル9階
電話　03-5623-5121（代）

印刷・製本　中央精版印刷株式会社
 ISBN978-4-86280-589-8
落丁・乱丁本はお取替えいたします。
総合法令出版ホームページ　http://www.horei.com/